10 MINUTEN WORKOUT
für einen straffen Bauch

Christof Baur · Bernd Thurner

Inhaltsverzeichnis

LONDON
TOKYO

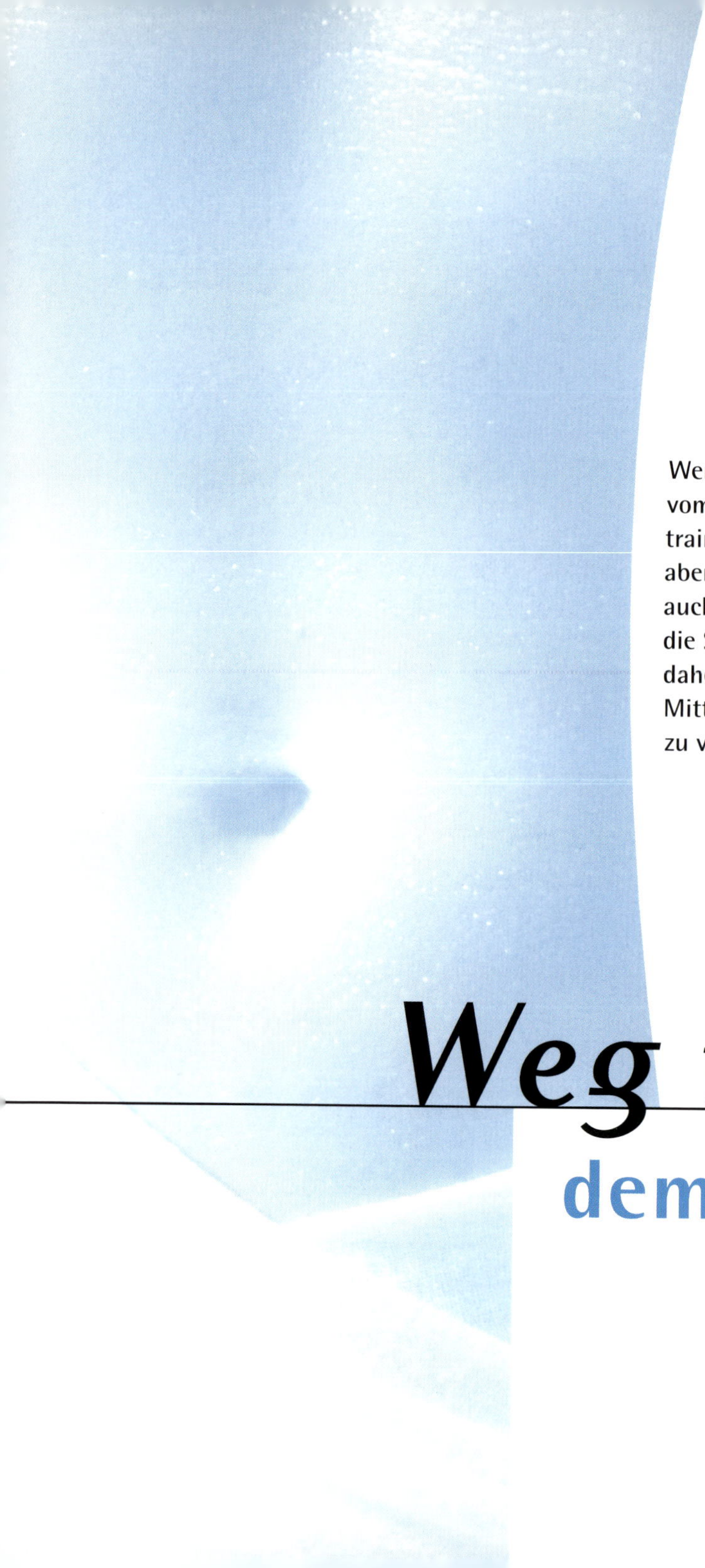

Wer kennt ihn nicht, den Traum vom Waschbrettbauch. Eine gut trainierte Bauchmuskulatur sieht aber nicht nur besser aus, sie ist auch gesund. Denn sie fördert die Stabilität des Rumpfes und ist daher ein wirklich sinnvolles Mittel, um Rückenbeschwerden zu vermeiden.

Weg mit dem Bauch

Sie wünschen sich einen flachen und straffen Bauch, sind aber mit Fettpölsterchen und schlaffen Muskeln geschlagen? Dann ist es höchste Zeit für ein wirkungsvolles Bauch-Workout. Mit etwas Disziplin, gesunder Ernährung und einem effektiven Bauchtraining bekommen Sie Ihre Problemzone schnell in den Griff. Oft genügen schon zehn Minuten regelmäßiges Training, um erstaunliche Erfolge zu erzielen. Mit dem hier vorgestellten Trainingsprogramm kann der Traum vom Waschbrettbauch Wirklichkeit werden.

Die Voraussetzungen sind wichtig

Damit Sie effektiv trainieren können und Ihr Ziel möglichst schnell erreichen, müssen Sie zunächst Ihren aktuellen »IST-Zustand« prüfen und Ihr Training dann genau planen.

Aufschluss über Ihren aktuellen Gewichtsstatus gibt Ihnen der Body-Mass-Index (Seite 6). Er zeigt auf einen Blick, ob man über-, unter- oder normalgewichtig ist. Im Falle von Übergewicht ist für den Erfolg eine Ernährungsumstellung wichtig. Die Grundregeln für die gesunde Ernährung haben wir ab Seite 10 für Sie zusammengestellt.

Das Rückgrat des Trainings sind die umfangreichen Übungseinheiten. Der Schwerpunkt liegt dabei auf den Übungen zur Kräftigung der Bauchmuskeln. Damit Sie genau wissen, was Sie sich am Anfang zutrauen können und wie hoch die optimale Belastungsdosis ist, finden Sie am Anfang jeder Trainingseinheit einen Eingangstest. Um ein ungleichmäßiges Training zu verhindern, empfehlen wir, zusätzlich die Rückenmuskulatur zu stärken. Ab Seite 54 finden Sie entsprechende Ausgleichsübungen, die Ihren Rücken trainieren.

Entsprechend der verschiedenen Anteile der Bauchmuskulatur ist das Trainingsprogramm in vier übersichtliche Übungsbereiche gegliedert.

Wenn Sie das Training genau an Ihre Bedürfnisse und Fähigkeiten anpassen, werden sich die ersten spür- und sichtbaren Erfolge schon nach kurzer Zeit einstellen. Eine deutliche Straffung und Formänderung der Muskulatur stellt sich bei regelmäßigem Training (drei bis fünf Trainingseinheiten pro Woche) erfahrungsgemäß bereits nach vier bis sechs Wochen ein. Vor allem bei Anfängern zeigen sich nach wenigen Trainingseinheiten gute Erfolge bei der Kraftentwicklung. Der Schwierigkeitsgrad der Übungen muss deshalb entsprechend Ihrer steigenden Leistungsfähigkeit regelmäßig angepasst werden.

Ermitteln Sie Ihren *Body-Mass-Index*

Eine objektive Einschätzung Ihres Körpergewichts bietet Ihnen der Body-Mass-Index (BMI). Mit ihm können Sie einfach und schnell Ihre individuellen Voraussetzungen bestimmen. Und so wird's gemacht: Wählen Sie in der unten stehenden Tabelle Ihre Größe (Spalte links) und Ihr Gewicht (Spalte rechts). Verbinden Sie die beiden Werte mit einer Geraden. Der Schnittpunkt auf der BMI-Achse (Mitte) zeigt Ihren persönlichen Wert an.

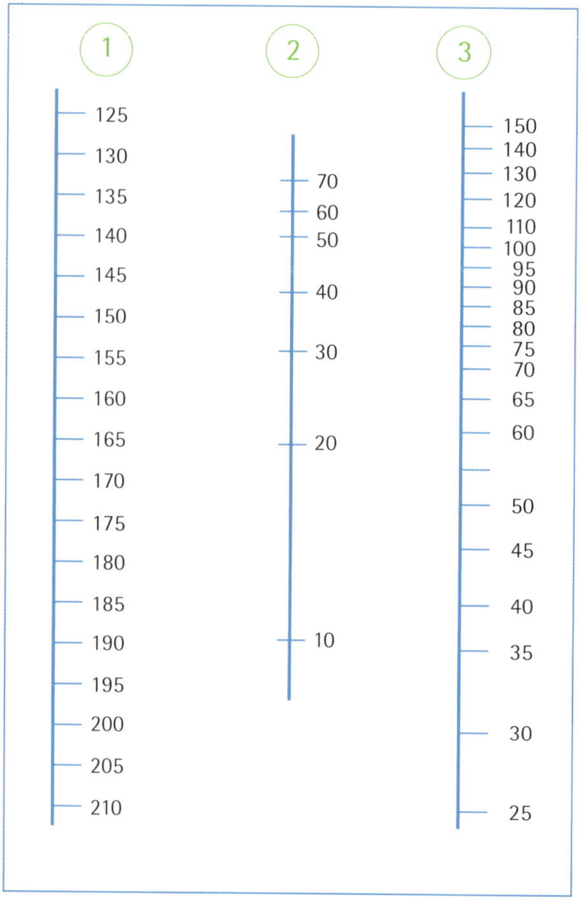

Sollte Ihr BMI-Wert über dem Normalgewicht liegen (siehe Auswertung Seite 7), empfiehlt sich neben Kräftigungsübungen zur Straffung der Bauchmuskulatur ein regelmäßiges und intensives Ausdauertraining, um an Problemzonen unschöne und überflüssige Fettpölsterchen schnell und effektiv abzubauen. Wissenswertes zu diesem Thema finden Sie ab Seite 50.

Sie können den BMI auch berechnen. Die Formel dazu lautet:

$$\text{BMI} = \frac{\text{Körpergewicht in kg}}{(\text{Körpergröße in m})^2}$$

1 = Körpergröße in cm
2 = BMI
3 = Körpergewicht in kg
(aus Buskies/Boeckh-Behrens)

Bewertung des BMI

- Liegt der BMI-Wert im Schnittpunkt **unter 18**, so haben Sie Untergewicht. In diesem Fall ist eine Gewichtszunahme zu empfehlen, um Wohlbefinden und Leistungsfähigkeit zu steigern.
- Wünschenswert ist ein BMI-Wert **zwischen 18 und 25**. Liegt Ihr Gewicht in diesem Bereich, sind Sie normalgewichtig.
- Wenn der Wert **zwischen 26 und 30** liegt, haben Sie leichtes Übergewicht. Sie sollten versuchen abzunehmen, vor allem wenn bereits eine Krankheit vorliegt, wie z.B. Zuckerkrankheit, Bluthochdruck, Gicht oder eine andere Stoffwechselstörung.
- Eine Gewichtsreduzierung ist dringend anzuraten, wenn der BMI-Wert **über 30** liegt.

In Deutschland sind 30 bis 40 Prozent der Bevölkerung übergewichtig. Fast jeder dritte Mann und beinahe jede zweite Frau über 50 Jahre leidet an Übergewicht.

Die Bedeutung des *Körperfettanteils*

Einen größeren Aussagewert als das reine Körpergewicht hat der Körperfettanteil. So kann eine durchtrainierte Person aufgrund ihrer Muskelmasse ein relativ hohes Körpergewicht haben, obwohl der Körperfettanteil sehr niedrig ist. Umgekehrt kann ein leichter Mensch einen hohen Fettwert aufweisen, was auf einen schlechten Trainingszustand schließen lässt. Liegt Ihr Körperfettanteil über 30 Prozent, sollten Sie ein regelmäßiges Ausdauertraining durchführen.

Körperfettanalysen lassen sich heute einfach und schnell mit speziellen Waagen durchführen. Auch viele Fitnessstudios bieten Körperfettanalysen an.

Waagen für die Bestimmung des Körperfettanteils sind im Handel bereits ab etwa 180 DM erhältlich.

Körperfett	Männer	Frauen
Essenzielles Fett	< 5 %	< 12 %
Athletisch	5 – 13 %	12 – 22 %
Gesund	14 – 30 %	23 – 33 %
Übergewicht	> 30 %	> 33 %

Wie entstehen *Problemzonen?*

Sind Bauch, Beine und Po zu dick, spricht man von Problemzonen. Aber was sind die Ursachen dafür, dass der Körper nicht stramm und fest ist, sondern Fettpölsterchen unser Wohlbefinden beeinträchtigen?

Die unveränderlichen Erbanlagen

Wenn Fettpölsterchen trotz Sport und gesunder Ernährung nicht schwinden, sind meist die Erbanlagen schuld.

Der Körperbau eines jeden Menschen ist genetisch vorgegeben. Anatomische Voraussetzungen wie kurze oder lange Beine, ein schmales oder breites Becken sind von Anfang an festgelegt und auf natürlichem Weg unveränderlich. Auch das Ausmaß der Fettspeicherung ist individuell verschieden und genetisch programmiert. Gleiches gilt für die Art und Weise, wie sich das Fett im Körper ablagert. Bei einigen Menschen setzt es sich vorwiegend an Bauch und Hüften ab, bei anderen verteilt es sich gleichmäßig und fällt somit weniger auf. Akzeptieren Sie Ihren Körper und versuchen Sie ihn durch Bewegung und gesunde Ernährung optimal zu formen und zu straffen. So tun Sie etwas Gutes für Ihre Gesundheit und für Ihr Aussehen.

Die Bedeutung der Energiebilanz

Abnehmen ist nur dann möglich, wenn der Energieverbrauch über der Energieaufnahme liegt.

Die häufigste Ursache für Übergewicht und einen hohen Körperfettanteil ist jedoch eine ungünstige Energiebilanz. Das bedeutet: Ein Zuviel an Nahrung in Kombination mit zu wenig Bewegung führt zum Abspeichern der Energie und so zu überflüssigem Körperfett! Kalorien, die nicht verbraucht werden, lagern sich dabei als Depotfett im Unterhautgewebe an. Wollen Sie also effektiv und langfristig Gewicht und Fett reduzieren, muss Ihr täglicher Energieverbrauch (durch Bewegung) höher sein als die tägliche Energieaufnahme (durch die Nahrung).

Im Rahmen der Energiebilanz spielt die Energieaufnahme durch die Nahrung naturgemäß die entscheidende Rolle. Eine allgemein gültige Regel für den täglichen Energiebedarf gibt es aber nicht. Er ist individuell verschieden und richtet sich unter anderem nach den genetischen Voraussetzungen und nach den körperlichen Belastungen und Tätigkeiten. Der Energieverbrauch wird dabei unterteilt in Grundumsatz und Leistungsumsatz.

Der Grundumsatz ist die Energie, die zum Erhalt der Lebensfunktionen verbraucht wird. Etwa 60 Prozent davon werden allein zur Aufrechterhaltung einer konstanten Körpertemperatur benötigt. Der Leistungsumsatz ist die Energiemenge, die für jegliche Art von körperlicher Tätigkeit benötigt wird.

Der tägliche Energiebedarf

Der Gesamtenergiebedarf des Menschen ist individuell sehr verschieden. Im Allgemeinen haben Männer einen höheren Energieverbrauch als Frauen. Grund dafür ist der größere Anteil an stoffwechselaktivem Muskelgewebe beim Mann.

Bei leichter, vorwiegend sitzender Tätigkeit ergeben sich folgende Orientierungswerte für den Energieverbrauch:

- Für Frauen: 8400 bis 9200 Kilojoule (2000 bis 2200 Kilokalorien). Der Grundumsatz liegt im Durchschnitt bei 7000 Kilojoule.
- Für Männer: 10000 bis 11000 Kilojoule (2400 bis 2600 Kilokalorien). Der Grundumsatz liegt durchschnittlich bei 8500 Kilojoule.

Die Umrechnung von Kilokalorien (kcal) in Kilojoule (kJ) ist ganz einfach: Nehmen Sie den Kalorienwert mal 4,2, denn 1 Kilokalorie entspricht 4,2 Kilojoule.

Problemzonen effektiv abbauen

Je größer die körperliche Belastung ist, desto höher ist der Leistungsumsatz. Das bedeutet, Sie können durch Sport und Bewegung Ihren Energieverbrauch steigern und letztendlich dadurch aktiv Fett abbauen. Bewegung, die Muskulatur aufbaut, beeinflusst zudem positiv den Grundumsatz! Denn durch gezieltes Kräftigungstraining steigern Sie Ihre Muskelmasse und erhöhen dadurch Ihren Grundumsatz. Sie haben also bereits ohne Bewegung einen größeren Gesamtverbrauch an Energie.

Durch Sport erhöht sich der Leistungsumsatz, dadurch wird mehr Energie verbraucht, Problemzonen werden abgebaut.

Gut zu wissen

Ausdauertraining gegen Fettpölsterchen

Die Annahme, mit Kräftigungsübungen gezielt an einer Stelle abnehmen zu können, ist leider falsch. Der Fettabbau durch Muskeltraining ist nämlich im Vergleich zu Ausdauerbelastungen relativ gering. Entsprechend Ihren individuellen Voraussetzungen ist also die eine oder die andere Trainingsart wichtiger für Sie.

Achten Sie auf Ihre Ernährung

Nur eine langfristige Umstellung der Ernährung hilft, Übergewicht dauerhaft zu bekämpfen. Crashkuren begünstigen nur den Jo-Jo-Effekt.

Wenn Sie ernsthaft etwas für eine gute Figur tun wollen, spielt die Ernährung neben der Bewegung eine entscheidende Rolle. Eine bewusste Ernährung bedeutet nicht, sklavisch Kalorien zu zählen, sondern sich gesund und vor allem bewusst zu ernähren. Das Angebot an Lebensmitteln ist heute sehr reichhaltig, und es sollte Ihnen leicht fallen, die richtige Auswahl zu treffen. Wenn Sie sich abwechslungsreich und vollwertig ernähren, sind Sie auf dem richtigen Weg.

Vollwertig bedeutet eine vollständige Versorgung mit allen lebensnotwendigen Nahrungssubstanzen, Mineralstoffen, Vitaminen und essenziellen (ungesättigten) Fettsäuren. Vollkornprodukte, Kartoffeln, Gemüse und Früchte sollten auf Ihrem Speiseplan vielseitig variiert werden. Vor allem Obst und Gemüse weisen einen hohen Gehalt an Vitaminen, Mineral- und Ballaststoffen auf. Zucker und Süßigkeiten sind dagegen absolut entbehrlich. Die Ernährung sollte zudem Ihrem persönlichen Bedarf angepasst sein. Ein körperlich geforderter Arbeiter bzw. Sportler benötigt selbstverständlich eine andere Nahrungszusammensetzung und eine höhere Energiezufuhr als ein Mensch, der den ganzen Tag am Schreibtisch sitzt.

Fett macht fett

Vermeiden Sie bei Ihrer Ernährung versteckte Fette, die beispielsweise in Wurst und Käse verborgen sind. Auch die meisten Fertigprodukte sind sehr fettreich.

Fetthaltiges Essen steigert die Energiezufuhr enorm, denn in Fett sind die meisten Kalorien enthalten: Ein Gramm Fett enthält ungefähr neun Kilokalorien. Der Energiegehalt von Kohlenhydraten und Eiweiß ist mit vier Kilokalorien im Vergleich dazu weniger als halb so hoch. Meiden Sie deshalb Lebensmittel mit hohem Fettgehalt. Viele Wurst- und Käsesorten sind dafür bekannt, dass sie sehr fetthaltig sind. Aber auch Kuchen und Knabbergebäck zählen zu den »Übeltätern«: z. B. enthalten 100 Gramm Stollen rund 22 Gramm Fett. Kartoffelchips bestehen sogar bis zu 40 Prozent aus Fett!

Die optimale Nahrungszusammensetzung

Für die richtige Zusammensetzung der Nahrung gibt es Richtwerte:

- Der größte Anteil der Nahrung (etwa 55 bis 60 Prozent) sollte in Form von Kohlenhydraten aufgenommen werden. Kartoffeln, Brot,

Reis und Nudeln sind reich an Kohlenhydraten und können beinahe in unbegrenzten Mengen verzehrt werden.

- Der Eiweißanteil der Nahrung sollte etwa 10 bis 15 Prozent betragen. Die in der Nahrung enthaltenen Proteine sind für den Aufbau von Körpereiweiß notwendig. Nicht nur Fleisch, sondern auch Eier, Milch- und Sojaprodukte sind gute Eiweißquellen.
- Die täglich aufgenommene Fettmenge sollte höchstens 70 bis 80 Gramm betragen. Wer abnehmen will, darf sogar nur 30 Gramm Fett zu sich nehmen. Die so genannten einfach ungesättigten Fettsäuren sollten dabei den Hauptanteil der aufgenommenen Fette ausmachen. Sie sind vor allem in kalt gepresstem Olivenöl enthalten. Sie können vom Körper leicht verarbeitet werden und haben eine gesundheitsfördernde Wirkung. Transfettsäuren, die bei der Herstellung und Verarbeitung von bestimmten Nahrungsmitteln verwendet werden, sollten dagegen strikt gemieden werden. Sie befinden sich vor allem in Fertigprodukten wie Tiefkühlpizza, Pommes frites sowie in Margarine, Back- und Bratfett.

Brot und Nudeln gelten als Dickmacher. Es sind aber meist die Saucen und Brotbeläge, die an den überflüssigen Pfunden schuld sind.

So sieht die Praxis aus

- Essen Sie möglichst abwechslungsreich und vermeiden Sie einseitige Ernährung.
- Versuchen Sie keine Radikaldiäten! Es besteht die Gefahr von Mangelernährung. Zudem werden leere Fettdepots schneller wieder aufgebaut als vor der Diät. Dieses Phänomen nennt man Jo-Jo-Effekt.
- Mehrere kleinere Mahlzeiten am Tag sind (bei gleicher Kalorienzahl!) sinnvoller als drei große. Sie vermeiden dadurch Leistungsabfall und Heißhunger, der oft zu unkontrolliertem Essen führt.
- Essen Sie ballaststoffreich, also viel Vollkornprodukte, Obst und Gemüse. Das sättigt und hat wenig Kalorien.
- Achten Sie bei Ihrer Ernährung auf ein ausgewogenes Verhältnis von Kohlenhydraten, Eiweiß und Fett (siehe oben).
- Kontrollieren Sie Ihren Fettverzehr: Meiden Sie versteckte Fette, die in Torten, Saucen, Süßigkeiten, vielen Käsesorten, Fleisch und Wurstwaren verborgen sind. Empfehlenswert ist eine Umstellung der Essenszubereitung. Fettsparende Gartechniken im Wok oder Tontopf sind sinnvoll. Bevorzugen Sie pflanzliche Fette (z. B. Oliven- und Distelöl) gegenüber Streich- und Bratfetten.

Die häufigsten Ursachen für Übergewicht sind neben zu wenig Bewegung übermäßiger Fett- und Alkoholkonsum. Ein Gramm Alkohol (7 kcal) enthält fast doppelt so viele Kalorien wie ein Gramm Kohlenhydrate (4 kcal).

Bevor es mit den Übungen losgeht, erhalten Sie auf den folgenden Seiten noch einige wichtigc Tipps, worauf es bei einem effektiven Bauchtraining ankommt.

Krafttraining

für einen straffen Bauch

Um den Trainingseffekt zu optimieren, müssen Sie sich schon im Vorfeld genau überlegen, was Sie erreichen und wie Sie trainieren wollen.

So wirkt ein gezieltes *Krafttraining*

Das in diesem Buch vorgestellte Trainingsprogramm enthält im Wesentlichen zwei Grundformen des Muskeltrainings: das Kraftausdauertraining und das Muskelaufbautraining.

Kraftausdauertraining

Übungen mittlerer Intensität werden beim Kraftausdauertraining mit hohen Wiederholungszahlen (gesamt 60 bis 150) durchgeführt. Diese Art des Trainings verbessert die Kraftausdauer der Muskulatur und dient als Vorbereitung für das anschließende Muskelaufbautraining. Der Vorteil gegenüber dem Muskelaufbau ist der höhere Energieverbrauch, die straffende Wirkung ist jedoch geringer.

Das Kraftausdauertraining ermöglicht gleichzeitigen Fettab- und Muskelaufbau.

Muskelaufbautraining

Das Muskelaufbautraining umfasst Übungen mit hoher Belastung und relativ geringem Wiederholungsumfang (gesamt 40 bis 75). Es bewirkt einen Muskelzuwachs und eine Verbesserung der Maximalkraft. Dadurch erreichen Sie eine Formänderung und Straffung der Muskulatur. Weiterer positiver Effekt: Die aufgebaute Muskulatur verbraucht Energie und steigert den Grundumsatz. So haben Sie bereits in Ruhe ohne körperliche Arbeit einen erhöhten Energieverbrauch. Ihr Trainingsprogramm sollte daher vor allem diese Art der Beanspruchung beinhalten.

Das Muskelaufbautraining sorgt für einen schnellen Muskelzuwachs. Der Energieverbrauch während des Trainings ist aber relativ gering, sodass der Fettabbau während des Trainings keine große Rolle spielt.

Das Optimalprogramm

Den besten Trainingseffekt erzielen Sie, wenn Sie Muskelaufbau- mit Kraftausdauertraining kombinieren. Welche Art des Trainings für Sie dabei wichtiger ist, müssen Sie für sich selbst entscheiden. Ihr BMI-Wert bzw. der Körperfettanteil kann Ihnen dabei eine Orientierungshilfe geben. Bei starkem Übergewicht sollten Sie zusätzlich noch Trainingseinheiten mit intensivem Ausdauertraining (ab Seite 50) in Ihr Fitnessprogramm einfließen lassen.

Grundregeln für ein erfolgreiches Training

Führen Sie Ihrem Körper nach dem Training ausreichend Flüssigkeit zu. Das beschleunigt die Regeneration. Verzichten Sie aber auf süße Limonaden! Trinken Sie stattdessen Mineralwasser.

Für ein sinnvolles, erfolgreiches Trainingsprogramm, das Ihren Bedürfnissen entspricht, sollten Sie zuerst Ihren momentanen Leistungsstandard prüfen. Nur so können Sie Ihr individuelles Bodyworkout mit den effektivsten Übungen erstellen. Die richtige Belastungsdosierung entscheidet nämlich über den Erfolg, denn weder Überlastung noch Unterforderung sind ratsam. Am Anfang der einzelnen Übungskapitel finden Sie daher jeweils einen Eingangstest, der Sie über Ihren aktuellen »IST-Zustand« informiert.

Für ein vernünftiges, erfolgsorientiertes Krafttraining lauten die wichtigsten Grundregeln:

1. Regelmäßigkeit des Trainings
2. Einhalten von angemessenen Erholungsphasen
3. Sinnvolle Belastungssteigerungen

Trainieren Sie also regelmäßig und vermeiden Sie zu große Trainingsabstände! Ein Training in der Woche ist nicht genug. Angemessen sind zwei bis vier Kräftigungseinheiten pro Woche. So erzielen Sie schnell deutliche Erfolge. Außerdem muss das Training über einen längeren Zeitraum durchgeführt werden. Achten Sie auch auf regelmäßige Trainingsunterbrechungen. Ein Tag Pause zur nächsten Kräftigungseinheit ist für Fortgeschrittene ausreichend. Anfänger benötigen nach einem intensiven Training in der Regel zwei bis drei Tage Erholung. Entwickeln Sie ein Gefühl für Ihr Wohlempfinden und beachten Sie die Signale Ihres Körpers.

! Vorsicht

Vermeiden Sie Überlastung

Eine Überforderung ist aus trainingsphysiologischer Sicht ebenso ungünstig wie eine Unterforderung. Sind Sie erschöpft oder körperlich geschwächt, beispielsweise durch eine Erkältung oder sonstige Erkrankung, dann sollten Sie sich eine längere Pause gönnen.

Planen Sie Ihre Trainingswoche

Wenn Sie konsequent trainieren, werden Sie schnell ein völlig neues Körperbewusstsein erlangen. Damit sich dieses neue Körpergefühl möglichst schnell einstellt, sollten Sie versuchen, sich feste Trainingstage einzurichten. So fördern Sie ein regelmäßiges Training, und der Erfolg bleibt nicht dem Zufall überlassen. Vier bis sechs Wochen sind ein überschaubarer Zeitraum. Optimal ist es, wenn Sie schon im Voraus Ihre Trainingszeiten und -ziele einplanen. Schauen Sie dabei mindestens eine Woche voraus. Die Trainingseinheiten sollten entsprechend dokumentiert werden. Im Serviceteil auf den Seiten 74 und 75 finden Sie die Kopiervorlage für einen Wochenplaner, in den Sie Ihre persönlichen Trainingsvorgaben eintragen können. Die beiden Musterpläne auf Seite 73 zeigen Ihnen beispielhaft, wie Ihre Trainingswoche aussehen könnte.

Setzen Sie sich ein realistisches Ziel. Wenn Sie es mit dem Training übertreiben, überlasten Sie Ihren Körper, und die gewünschten Effekte werden sich nicht einstellen.

Die ersten Erfolge

Um einen deutlichen Effekt für Ihren Körper zu erzielen, sollten Sie mindestens 16 bis 20 Trainingseinheiten absolvieren. Bei viermaligem Training in der Woche können Sie also bereits nach vier bis sechs Wochen mit deutlichen Fortschritten rechnen. Ihr Körper wird sich schnell an die neue Belastung gewöhnen. Entsprechend Ihrer steigenden Leistungsfähigkeit muss der Schwierigkeitsgrad Ihres Übungsprogramms angepasst werden. Sie finden deshalb in jedem Übungskapitel einen Trainingsplan, der Ihren aktuellen Leistungszustand berücksichtigt, um so die Belastungsdosis zu optimieren.

Ausgleichstraining ist wichtig

Eine gut trainierte Bauchmuskulatur fördert die Stabilität des Rumpfes und ist daher ein wichtiges Mittel, um Rückenbeschwerden zu vermeiden. Rückenbeschwerden sind Volkskrankheit Nummer eins, und vor allem chronische Rückenpatienten haben oft ein deutliches Defizit im Bereich der Bauchmuskulatur. Für die Stabilisierung der Wirbelsäule benötigt man natürlich auch eine gut ausgebildete Rückenmuskulatur. Sie sollten daher in jede Trainingseinheit auch Übungen für die rückwärtige Muskulatur einbauen. Dadurch vermeiden Sie eine einseitige Belastung. Übungsbeispiele für die Rücken- und Gesäßmuskulatur finden Sie ab Seite 54.

Brechen Sie Übungen ab, wenn Sie sie nicht schmerzfrei durchführen können.

Die ideale *Übungszusammenstellung*

Eine gut ausgebildete gerade Bauchmuskulatur formt einen flachen Bauch, die schräge und die quere Bauchmuskulatur beeinflussen günstig die Formung der Taille.

Die Bauchmuskulatur wird in gerade, schräge und quere Muskelgruppen unterteilt. Die unterschiedlichen Verlaufsrichtungen erlauben Vorwärts-, Seit- und Drehbewegungen des Rumpfes. Entsprechend der vielfältigen Funktionen der Bauchmuskeln sollte das Training abwechslungsreich gestaltet werden. Ob Anfänger oder Könner, in den nächsten Kapiteln finden Sie abwechslungsreiche und leicht nachvollziehbare Übungsreihen, die alle Bereiche Ihrer Bauchmuskulatur ansprechen und so für ein optimales Training und eine ideale Körperformung sorgen. Der Trainingsteil besteht aus den folgenden vier Übungsgruppen:

1. Übungen für die gerade Bauchmuskulatur (ab Seite 18)
2. Bauchstabilisation (ab Seite 26)
3. Übungen für die schrägen Bauchmuskeln (ab Seite 34)
4. Übungen für die queren Bauchmuskeln (ab Seite 42)

Die Übungsgruppen 1 und 2 trainieren vor allem die gerade Bauchmuskulatur für einen flachen Bauch. Die Bereiche 3 und 4 formen Ihre Taille. Wählen Sie mindestens eine Übungsgruppe zur Kräftigung der geraden Bauchmuskulatur (1 oder 2) und eine Übungsreihe zum Training der diagonalen bzw. queren Bauchmuskulatur (3 oder 4). Den größten und schnellsten Erfolg erzielen Sie aber, wenn Sie alle vier Übungen miteinander kombinieren. Zusätzlich empfehlen wir, jede Übungsreihe mit einer Ausgleichsübung zur Kräftigung der Rückenmuskulatur (ab Seite 54) zu ergänzen.

So wird's gemacht!

Wählen Sie zunächst mindestens zwei Übungsgruppen für die Muskelgruppen aus, die Sie trainieren wollen. Absolvieren Sie dann den jeweiligen Eingangstest. Anhand der erreichten Testwerte wählen Sie aus dem Trainingsplan – unterteilt in Anfänger-, Fortgeschrittenen- und Könnerstufe – die für Sie passenden Übungen aus. Notieren Sie am besten Ihre Trainingseinheiten in den Wochenplaner auf Seite 74/75. Das verschafft Überblick und animiert zu regelmäßigem Training.

So sieht die Praxis aus

- Beachten Sie die genauen Trainingsvorgaben bezüglich Wiederholungszahlen und Pausen.
- Achten Sie auf die exakte Übungsausführung. Das genaue Einhalten der Ausgangs- und Endstellung ist wichtig!
- Vermeiden Sie ruckartige Bewegungen ebenso wie Hilfs- und Ausweichbewegungen. Eine gleichmäßig langsame Ausführung verhindert unnötige Belastungen der Wirbelsäule und steigert den Trainingseffekt.
- Um Ihren Kreislauf anzukurbeln, wärmen Sie sich vor dem Training etwa fünf Minuten aktiv auf. Beginnen Sie mit einfachen Ganzkörperübungen, wie z. B. lockeres Gehen, Laufen oder Treppensteigen auf der Stelle.
- Vermeiden Sie ein abruptes Ende Ihres Fitnessprogramms und gönnen Sie sich einige Minuten der Entspannung und Erholung (Cool-down-Phase). Wählen Sie eine für Sie entspannende Lage (z. B. in Seitlage Körper einrollen) und hören Sie in Ihren Körper hinein. Sie können Ihr Training auch mit leichten Dehnungsübungen beenden. Auf jeden Fall sollten Sie Ihr Programm so abschließen, dass Sie schon jetzt Lust auf das nächste Mal verspüren.
- Atmen Sie während der Übungen ruhig und gleichmäßig. Beim Bauchmuskeltraining gilt: Beim Anbeugen des Oberkörpers ausatmen, beim Absenken einatmen.
- Halten Sie während dem Üben permanent Ihre Muskelspannung. Setzen Sie den Körper nicht ab, nur so entsteht ein optimaler Trainingseffekt.
- Vermeiden Sie Überlastungen! Die jeweiligen Übungen dürfen nur schmerzfrei durchgeführt werden. Sollten Sie unter bereits lang andauernden Rückenschmerzen leiden, empfehlen wir auf alle Fälle eine Rücksprache mit Ihrem Arzt oder Krankengymnasten.
- Bei Symptomen wie Krämpfen, Schwindel oder Übelkeit sollten Sie jede Trainingsform abbrechen!
- Benutzen Sie eine bequeme, aber nicht zu weiche Unterlage. Geeignet sind z. B. Gymnastikmatten oder so genannte Iso-Matten. Bei allen Übungen, bei denen der Rücken auf dem Boden aufliegen soll, können Sie Ihre Lendenwirbelsäule mit einem kleinen festen Kissen oder einem speziellen Lendenkissen abstützen.

Gut trainierte Bauchmuskeln beeinflussen entscheidend eine aufrechte Haltung. Wer sich gerade hält, gilt als selbstbewusst und erfolgreich.

Schon mit regelmäßigem, 10- bis 15-minütigem Training erzielen Sie Erfolge bei der Bekämpfung Ihrer Problemzonen.

Übungsziel dieser Trainingseinheit ist es, die gerade Bauchmuskulatur zu kräftigen, damit der Bauch schön flach wie ein Brett wird.

Der gerade Bauchmuskel –

Training für einen flachen Bauch

Der gerade Bauchmuskel lässt sich relativ schnell stärken. Beginnen Sie am besten sofort mit dem regelmäßigen Training!

Testen Sie Ihre *Muskulatur*

Um zu testen, wie es um Ihre Bauchmuskulatur bestellt ist, machen Sie folgende Übung:

Test: Bewegungsablauf

Ausgangsposition: Legen Sie sich auf den Rücken; die Unterschenkel liegen auf einem Stuhl. Beine überkreuzen und senkrecht in die Luft strecken. Rollen Sie den Oberkörper nach vorne ein und schieben Sie die Stuhlbeine mit den Armen von sich weg. Die Testposition ist erreicht, wenn Sie den Rücken so weit es geht nach oben gerollt haben, die Lendenwirbel den Boden aber noch berühren.

Endposition: Senken Sie langsam den Oberkörper bis knapp über den Boden. Rollen Sie dann den Oberkörper wieder nach vorn und berühren Sie mit den Fingern die Stuhlbeine. Die Position kurz halten, wieder absenken. Wie viele Wiederholungen schaffen Sie?

Auswertung:

- 0–12: Starten Sie in der Anfängerklasse.
- 13–20: Sie können mit dem Fortgeschrittenenprogramm beginnen.
- Mehr als 20: Los geht's mit dem Könnerprogramm.

Ihr persönliches *Trainingsprogramm*

Mit diesem Plan können Sie Ihr Training ganz genau einteilen. Das Vorbereitungstraining ist vor allem bei Anfängern wichtig, um den Körper schrittweise an höhere Belastungen zu gewöhnen.

	Übung 1 (Seite 21)	Übung 2 (Seite 22)	Übung 3 (Seite 22)	Übung 4 (Seite 23)	Übung 5 (Seite 24)	Übung 6 (Seite 24)	Übung 7 (Seite 25)
1.–4. TE	3 x 15 WH Pause 30 s	3 x 15 WH Pause 30 s	4 x 20 WH Pause 30 s				
5.–8. TE		4 x 15 WH Pause 30 s	4 x 20 WH Pause 30 s	4 x 20 WH Pause 30 s			
9.–12. TE			4 x 20 WH Pause 30 s	4 x 20 WH Pause 30 s	4 x 20 WH Pause 30 s		
13.–16. TE				4 x 20 WH Pause 30 s	4 x 20 WH Pause 30 s	4 x 15 WH Pause 60 s	
17.–20. TE					4 x 20 WH Pause 30 s	4 x 15 WH Pause 60 s	4 x 12 WH Pause 90 s
21.–24. TE						4 x 15 WH Pause 60 s	4 x 12 WH Pause 90 s
25.–28. TE							4 x 12 WH Pause 90 s
	Vorbereitungstraining		Kraftausdauertraining			Maximalkrafttraining	

TE = Trainingseinheit bzw. Trainingstag
WH = Wiederholungen
s = Sekunden
Anfängerprogramm: schwarz
Fortgeschrittenenprogramm: grün
Könnerprogramm: blau

Beispiel: Wenn Sie beim Test 17 Wiederholungen erreicht haben, beginnen Sie Ihr Training mit dem Programm für Fortgeschrittene. Das bedeutet, dass Sie alle Übungen turnen, die auf dem Trainingsplan grün gekennzeichnet sind.

Die ersten vier Trainingseinheiten (bzw. Trainingstage) führen Sie Übung 2 durch. Wiederholen Sie die Übung jeweils 15-mal: das entspricht einem Durchgang (Satz). Machen Sie anschließend eine Pause von 30 Sekunden und fangen Sie noch einmal an. Insgesamt müssen Sie drei Durchgänge absolvieren.

Die fünfte Trainingseinheit (bzw. der fünfte Trainingstag) beginnt mit Übung 3. Jetzt turnen Sie vier Sätze à 20 Wiederholungen usw.

Die besten *Übungen*

Übung 1

Halten Sie während aller Übungen die Spannung in der Bauchmuskulatur und achten Sie darauf, dass Ihre Bewegungen langsam und ganz gleichmäßig sind.

Ausgangsposition: Stellen Sie einen stabilen Stuhl mit der Sitzfläche nach unten an eine Wand und lehnen Sie sich mit dem Rücken an die Stuhllehne. Winkeln Sie die Beine an und strecken Sie die Arme nach vorne. Legen Sie eventuell eine Handtuchrolle oder ein Lendenkissen unter die Lendenwirbel. Heben Sie den Oberkörper leicht an.

Endposition: Machen Sie ein Doppelkinn und beugen Sie sich mit gestreckten Armen langsam nach vorne, indem Sie den Oberkörper einrollen, mit der Lendenwirbelsäule jedoch an der Lehne bleiben. Kopf und Wirbelsäule bilden dabei eine Linie.

Übung 1: Endposition

Variante: Anstelle eines Stuhls können Sie auch ein breites Brett verwenden, dann lässt sich der Schwierigkeitsgrad beliebig verändern. Je schräger das Brett, desto schwerer wird die Übung.

Expertentipp

Muskeln entspannen

In den Pausen zwischen den Durchgängen können Sie sich zur Entspannung des Rückens und der Bauchmuskulatur flach hinlegen und die angewinkelten Beine langsam nach rechts und links pendeln lassen. Die Wirbelsäule sollte dabei am Boden bleiben. Vorsicht bei Bandscheibenproblemen: Dann ist diese Entspannungsübung nichts für Sie.

Übung 2

Ausgangsposition: Legen Sie sich auf den Rücken und winkeln Sie die Beine an. Drücken Sie die Fersen gegen den Boden und strecken Sie die Arme nach vorn. Machen Sie ein Doppelkinn, um den Kopf zu stabilisieren, und heben Sie den Oberkörper leicht vom Boden ab.

Übung 2: Endposition

Endposition: Spannen Sie die Bauchmuskulatur an und rollen Sie den Oberkörper langsam weiter nach oben, bis die Schulterblätter keinen Kontakt zum Boden mehr haben. Die Lendenwirbelsäule bleibt stabil am Boden. Dann wieder absenken.

Variante: Wer Probleme mit seiner Halswirbelsäule hat, macht kein Doppelkinn, sondern winkelt die Arme seitlich an und verschränkt die Hände im Nacken, um den Kopf zu stützen. Ziehen bzw. drücken Sie den Kopf jedoch nicht nach vorne, sondern stützen Sie ihn wirklich nur leicht ab. Auch Fortgeschrittene können die Hände im Nacken verschränken, da dadurch die Übung etwas schwerer wird.

Eine andere Möglichkeit: Legen Sie sich so auf ein Handtuch, dass Sie die Zipfel der Schmalseite hinter dem Kopf fassen können. Beim Hochrollen das Handtuch mitziehen, um den Kopf zu stützen.

Die richtige Atmung ist sehr wichtig. Atmen Sie beim Anheben des Oberkörpers aus (Muskelanspannung), beim Absenken ein (Muskelentspannung).

Übung 3

Ausgangsposition: Legen Sie sich flach auf den Rücken. Strecken Sie die Beine überkreuzt in die Luft und die Arme nach vorne (Beine anwinkeln, um die Kniegelenke zu schonen). Machen Sie ein Doppelkinn und heben Sie den Oberkörper leicht vom Boden ab.

Endposition: Spannen Sie die Bauchmuskulatur an und rollen Sie den Oberkörper weiter nach oben, bis die Schulterblätter den Boden nicht mehr berühren, die Lendenwirbelsäule aber noch fest am Boden liegt. Führen Sie gleichzeitig die Arme nach vorne. Position kurz halten und den Oberkörper langsam wieder senken, die Schultern jedoch nicht auf dem Boden absetzen. Die Stellung der Beine darf sich während der Übung nicht verändern.

Übung 3: Endposition

Übung 4

Ausgangsposition: Legen Sie sich auf den Rücken und heben Sie die überkreuzten Beine angewinkelt vom Boden ab. Strecken Sie die Arme gerade nach vorne aus oder kreuzen Sie sie vor dem Körper (erhöht den Schwierigkeitsgrad).
Heben Sie den Oberkörper leicht an. Machen Sie ein Doppelkinn.

Übung 4: Endposition

Endposition: Spannen Sie die Bauchmuskeln an und rollen Sie den Körper weiter nach vorne ein, ohne die Lendenwirbelsäule vom Boden zu lösen. Die Position etwa zwei Sekunden halten und dann langsam wieder abrollen, ohne dabei die Stellung der Beine zu verändern und die Schultern ganz abzulegen

Übung 5

Übung 5: Endposition

Ausgangsposition: Legen Sie sich auf den Rücken. Überkreuzen Sie die Beine und strecken Sie sie zur Decke. Verschränken Sie die Arme vor dem Körper und machen Sie ein Doppelkinn.

Endposition: Heben Sie den Oberkörper mit angespannten Bauchmuskeln langsam vom Boden ab, bis die Schulterblätter diesen nicht mehr berühren. Halten Sie dabei die Beine möglichst gestreckt. Position halten und den Oberkörper langsam wieder senken, aber nicht ganz absetzen.

Übung 6

Übung 6: Endposition

Ausgangsposition: Legen Sie sich auf den Rücken und strecken Sie die Beine zur Decke. Winkeln Sie die Arme seitlich an und verschränken Sie die Hände im Nacken. Doppelkinn machen und den Oberkörper leicht anheben.

Endposition: Heben Sie nun den Oberkörper an, bis nur noch die Lendenwirbelsäule den Boden berührt. Position kurz halten, dann wieder in die Ausgangsposition gehen.

Wichtig: Ziehen bzw. schieben Sie den Kopf mit den Armen nicht nach vorne.

Übung 7

Übung 7: Endposition

Ausgangsposition: Legen Sie sich auf den Rücken. Strecken Sie beide Beine in die Luft und überkreuzen Sie die Unterschenkel. Um die Kniegelenke zu entlasten, bleiben die Beine ganz leicht gebeugt. Fassen Sie mit beiden Händen ein Gewicht (etwa 1 kg) und strecken Sie die Arme etwas über den Kopf nach hinten. Machen Sie ein Doppelkinn.

Heben Sie den Oberkörper zunächst leicht von der Unterlage ab, ohne die Position der Arme zu verändern. Der Kopf sollte dabei in Verlängerung der Wirbelsäule gehalten werden.

Endposition: Spannen Sie die Bauchmuskeln an und heben Sie den Oberkörper, bis die Schulterblätter keinen Kontakt mehr zum Boden haben, die Lendenwirbelsäule jedoch noch stabil ist (also noch fest am Boden liegt). Halten Sie die Arme dabei weiterhin in der Verlängerung des Rumpfes (Ellbogen nicht ganz durchstrecken). Die Position etwa zwei Sekunden halten und den Oberkörper langsam wieder absenken, dabei jedoch weder Schultern noch Arme ganz am Boden ablegen.

Je schwerer das Gewicht, desto intensiver ist die Belastung der Bauchmuskulatur. Sie können dadurch die Belastung beliebig steigern und somit einen maximale Auslastung der Muskulatur erreichen.

Expertentipp

Stretching für zwischendurch

Entspannen Sie sich zwischen den einzelnen Durchgängen, indem Sie eine kurze Stretchingpause einlegen. Ziehen Sie die Beine zur Brust und umfassen Sie sie mit beiden Armen. Versuchen Sie, sich möglichst klein zu machen, indem Sie den Kopf zu den Knien ziehen. Atmen Sie ruhig und gleichmäßig und bereiten Sie sich auf den folgenden Durchgang vor.

Die Übungen auf den folgenden Seiten kräftigen gleichzeitig die gerade Bauchmuskulatur und die Rumpfmuskulatur.

Bauchstabilisation

mit statischen Übungen

Die Übungen dieser Einheit trainieren gleichzeitig verschiedene Muskelgruppen (u. a. Beine, Gesäß, Rücken und Arme).

Testen Sie Ihre *Fitness*

Um ein erfolgreiches Training zu starten, müssen Sie erst einmal testen, wie fit Sie sind.

Ausgangsposition: Legen Sie sich auf den Bauch. Stützen Sie sich dann mit leicht gebeugter Hüfte auf Unterarme und Fußspitzen. Beine, Rücken und Hals bilden eine Linie. Schauen Sie zum Boden und spannen Sie die Bauchmuskeln fest an.

Endposition: Heben Sie wechselseitig im 1-Sekunden-Rhythmus ein gestrecktes Bein um eine Fußlänge vom Boden ab. Die Ausgangsposition des Rumpfes darf sich dabei nicht verändern. Der Test gilt als beendet, wenn Sie die Rumpfstellung nicht mehr halten können oder Sie Schmerzen verspüren. Jedes »Beinheben« zählt als eine Wiederholung. Wie oft schaffen Sie es?

Auswertung:
- 0- bis 15-mal: Beginnen Sie in der Anfängergruppe.
- 15- bis 25-mal: Sie können gleich mit dem Programm für Fortgeschrittene starten.
- Mehr als 25-mal: Starten Sie Ihr Könnertraining.

Test: Bewegungsablauf

Der individuelle *Trainingsplan*

Auch für diese Übungsgruppe gibt es einen ausgeklügelten Trainingsplan. Anfänger müssen mit dem Vorbereitungstraining beginnen, um ihren Körper schrittweise an die Belastung zu gewöhnen.

	Übung 1 (Seite 29)	Übung 2 (Seite 30)	Übung 3 (Seite 30)	Übung 4 (Seite 31)	Übung 5 (Seite 32)	Übung 6 (Seite 33)
1.–4. TE	6 x 30 s Pause 20 s	Je 3 x 30 s Pause 20 s	Je 4 x 30 s Pause 20 s			
5.–8. TE		Je 3 x 30 s Pause 20 s	Je 4 x 30 s Pause 20 s	8 x 30 s Pause 20 s		
9.–12. TE			Je 4 x 30 s Pause 20 s	8 x 30 s Pause 20 s	Je 3 x 20 s Pause 30–60 s	
13.–16. TE				8 x 30 s Pause 20 s	Je 3 x 20 s Pause 30–60 s	Je 4 x 15 s Pause 30–60 s
17.–20. TE					Je 3 x 20 s Pause 30–60 s	Je 4 x 15 s Pause 30–60 s
21.–24. TE						Je 4 x 15 s Pause 30–60 s
	Vorbereitungstraining		Kraftausdauertraining		Maximalkrafttraining	

TE = Trainingseinheit bzw. Trainingstag
s = Sekunden
Anfängerprogramm: schwarz
Fortgeschrittenenprogramm: grün
Könnerprogramm: blau

Ein Beispiel: Sie haben beim Test 27 Wiederholungen erreicht und können sofort mit dem Trainigsprogramm für Könner beginnen. Dann absolvieren Sie nur die blauen Übungen.

Die ersten vier Trainingseinheiten (bzw. Trainingstage) führen Sie nur die Übung 3 durch. Halten Sie Ihre Übungsstellung jeweils 30 Sekunden und machen Sie dann eine 20-Sekunden-Pause. Absolvieren Sie dann die Übung noch dreimal (insgesamt also viermal).

Die fünfte Trainingseinheit (bzw. der fünfte Trainigstag beginnt dann mit der vierten Übung. Diesmal absolvieren Sie acht Durchgänge à 30 Sekunden und machen zwischendurch jeweils eine kurze Pause von 20 Sekunden.

Ab dem neunten Trainingstag turnen Sie dann Übung 5 in der oben genannten Wiederholungszahl usw.

Die wirkungsvollsten Übungen

Im Gegensatz zu den anderen Übungsgruppen in diesem Buch werden die folgenden Übungen statisch ausgeführt. Das bedeutet, dass keine dynamischen Bewegungen ausgeführt werden, sondern man nur die Muskeln anspannt. Die Übungen sind gut für eine optimale Körperspannung und eignen sich – sofern sie korrekt ausgeführt werden – auch für all diejenigen, die bei aktiver Bewegung Probleme mit der Wirbelsäule haben.

Übung 1

Übungsposition: Legen Sie sich auf den Bauch. Stützen Sie sich dann mit leicht gebeugter Hüfte auf Ihre Unterarme und Knie. Gesäß, Rücken und Hals bilden eine Linie. Schauen Sie zum Boden, nicht geradeaus.

Spannen Sie die Bauchmuskeln fest an und halten Sie die Position, ohne dabei ein Hohlkreuz zu machen. Halten Sie nicht die Luft an, sondern atmen Sie gleichmäßig und tief ein und aus.

Übung 1

Gut zu wissen

Weiche Unterlage

Legen Sie beim Workout eine bequeme, nicht zu weiche Unterlage auf den Boden, damit die Wirbelsäule optimal aufliegt. Bei Übungen auf dem Rücken können Sie Ihre Lendenwirbelsäule zusätzlich mit einem kleinen festen Kissen oder einer Handtuchrolle abstützen. Wenn Sie beim Knien Probleme haben, legen Sie ein weiches Kissen unter.

Übung 2

Übungsposition: Die Ausgangsposition entspricht der der vorherigen Übung. Gehen Sie zunächst in die Bauchlage. Stützen Sie sich dann auf Ihre Unterarme und Knie. Blicken Sie zum Boden und halten Sie den Kopf in Verlängerung der Wirbelsäule. Ziehen Sie die Bauchdecke leicht ein, um ein Absinken ins Hohlkreuz zu vermeiden. Heben Sie ein Bein gestreckt vom Boden ab. Halten Sie diese Position über den vorgegebenen Zeitraum. Wechseln Sie anschließend die Seite und führen Sie die Übung mit dem anderen Bein durch.

Übung 2

Ganz wichtig: Je weiter Sie das Knie nach hinten aufstellen, desto schwieriger wird die Übung. Damit die Übung wirkt, kommt es aber weniger auf den Schwierigkeitsgrad als auf die korrekte Körperstellung an: Der gesamte Körper muss annähernd eine Linie bilden.

Halten Sie während der Übung nicht die Luft an und atmen Sie gleichmäßig weiter. Positiver Nebeneffekt: Sie trainieren gleichzeitig Ihre Brust-, Bein- und Gesäßmuskulatur.

Übung 3

Übungsposition: Die Ausgangsposition entspricht der der beiden vorherigen Übungen: Legen Sie sich erst auf den Bauch und stützen Sie sich dann auf Knie und Unterarme. Blicken Sie zum Boden und halten Sie den Hals in einer Linie mit dem Rücken. Nun heben Sie ein Bein vom Boden ab und strecken den entgegengesetzten Arm nach vorne. Bein, Rumpf und Arm müssen eine Linie bilden. Ziehen Sie die Bauchdecke leicht ein, um zu verhindern, dass der Rücken ins Hohlkreuz absackt.

Halten Sie diese Position über den vorgegebenen Zeitraum. Achten Sie darauf, dass Sie den Körper nicht seitlich verdrehen. Atmen Sie gleichmäßig weiter und halten Sie nicht die Luft an. Seite wechseln.

Positiver Nebeneffekt dieser Übung: Sie verbessern gleichzeitig Ihren Gleichgewichtssinn und trainieren außerdem Schulter-, Brust- und Beinmuskulatur.

Übung 3

Übung 4

Übungsposition: Gehen Sie erst in die Bauchlage und stützen Sie sich dann auf Ihre Unterarme und Fußspitzen. Schauen Sie auf den Boden und halten Sie den Kopf in einer Linie mit dem Rücken. Heben Sie das Becken langsam so weit an, bis der gesamte Körper nahezu eine gerade Linie bildet. Ziehen Sie die Bauchdecke leicht ein, um dadurch ein Absinken ins Hohlkreuz zu verhindern. Halten Sie diese Position über den vorgegebenen Zeitraum.

Übung 4

Bei dieser Übung ist es ganz wichtig, dass Sie das Becken nicht zu weit nach oben heben und die Beine während der ganzen Zeit gestreckt bleiben. Anderenfalls entlasten Sie durch Ihre Haltung die Bauchmuskulatur und mindern so den Trainingseffekt. Vermeiden Sie außerdem die Luft anzuhalten, achten Sie vielmehr auf eine gleichmäßige, ruhige und tiefe Atmung.

Übung 5

Übungsposition: Die Ausgangsposition entspricht der der vorherigen Übung: Legen Sie sich erst auf den Bauch; stützen Sie sich dann auf Ihre Ellbogen und stellen Sie Ihre Fußspitzen auf. Heben Sie das Becken an, bis Beine und Rumpf eine Linie bilden. Bringen Sie das Gesäß jedoch nicht zu weit nach oben, weil Sie sonst nicht den optimalen Trainingseffekt für Ihre Bauchmuskulatur erzielen. Ziehen Sie die Bauchdecke leicht ein, um ein Hohlkreuz zu vermeiden. Hals und Rücken bilden eine Linie, der Kopf schaut also nicht geradeaus, sondern nach unten. Heben Sie nun ein Bein gestreckt vom Boden ab. Halten Sie die Position über den vorgegebenen Zeitraum und wechseln Sie dann die Seite.

Übung 5

Ganz wichtig: Vermeiden Sie auf jeden Fall jede Ausweichbewegung des Rumpfes. Drehen Sie den Körper also nicht zur Seite und sinken Sie nicht ins Hohlkreuz ab.

Positiver Nebeneffekt: Sie trainieren gleichzeitig sehr intensiv Ihre Bein- und Gesäßmuskulatur. Das Training ist daher eine ideale Ergänzung für andere Problemzonengymnastik.

Expertentipp

Training mit Gewichten

Fallen Ihnen die Übungen schon bald zu leicht? Sie können sie erschweren, indem Sie sich Gewichtsmanschetten oder Gymnastikhanteln (mit Schlaufe) an Knöchel und/oder Handgelenken befestigen und so die Belastung erhöhen. Die Gewichte dürfen jedoch nie so schwer sein, dass Sie die Übungen nicht mehr sauber ausführen können.

Übung 6

Übungsposition: Nehmen Sie wiederum die Ausgangsposition ein. Legen Sie sich dazu zunächst auf den Bauch und stützen Sie sich auf Ihre Ellbogen. Stellen Sie Ihre Fußspitzen auf und heben Sie das Becken vom Boden ab, bis Beine, Rücken und Hals eine Linie bilden. Richten Sie Ihren Blick zum Boden und halten Sie Ihren Kopf in Verlängerung der Wirbelsäule. Ziehen Sie Ihre Bauchdecke leicht ein, um zu vermeiden, dass Sie ins Hohlkreuz absacken. Heben Sie nun einen Arm und das gegenüberliegende Bein vom Boden ab. Halten Sie diese Position über den vorgegebenen Zeitraum und wechseln Sie anschließend die Seite.

Sie haben Übung 6 erreicht. Wenn Sie sich nach Ende des Trainingsplanes noch weiter verbessern wollen, sollten Sie schrittweise die Belastungsdauer erhöhen. Als Ziel ist zu setzen: je 4-mal 30 Sekunden.

Ganz wichtig: Heben Sie das Bein nicht zu hoch; Rücken und Gesäß müssen immer noch eine Gerade bilden. Halten Sie den Rumpf stabil und vermeiden Sie jegliche Ausweichbewegungen. Drehen Sie den Körper also nicht zur Seite und verfallen Sie nicht versehentlich ins Hohlkreuz. Atmen Sie während der gesamten Zeit gleichmäßig weiter, anstatt die Luft anzuhalten.

Fällt es Ihnen anfangs schwer, das Gleichgewicht zu halten, können Sie sich zur Erleichterung mit dem gestreckten Arm an einer Wand abstützen. Sollte Ihnen die Übung nach einigen Trainingseinheiten dagegen zu leicht fallen, können Sie den Schwierigkeitsgrad erhöhen, indem Sie ein Gewicht (z. B. 1-kg-Hantel, gefüllte Wasserflasche, dickes Buch) in die Hand des arbeitenden Armes nehmen oder Gewichtsmanschetten anlegen.

Ein positiver Nebeneffekt: Diese Übung ist sehr anspruchsvoll. Durch regelmäßiges Training werden Sie schnell Ihren Gleichgewichtssinn verbessern. Zugleich trainieren Sie nahezu Ihre gesamte Rumpf-, Schulter- und Beinmuskulatur.

Übung 6

Jetzt sind die schrägen Bauchmuskeln an der Reihe, denn Trainingsziel dieser Übungsgruppe ist eine schmale Taille.

Eine schmale Taille –

Workout für die schrägen Bauchmuskeln

Bevor Sie mit dem Training beginnen, testen Sie auch diesmal Ihre Muskelkraft mit einer einfachen Übung.

Test für die schräge Bauchmuskulatur

Ausgangsposition: Legen Sie sich auf den Rücken und strecken Sie Ihre Beine überkreuzt senkrecht zur Decke. Schieben Sie einen Stuhl so weit nach vorn, dass Sie ihn gerade noch mit den Fingerspitzen berühren können, ohne die Lendenwirbelsäule vom Boden abzuheben. Legen Sie den Oberkörper auf den Boden.

Endposition: Spannen Sie die Bauchmuskeln an, rollen Sie sich seitlich nach vorne und berühren Sie den Stuhl mit den Händen. Die Lendenwirbelsäule bleibt stabil. Beenden Sie den Test bei Schmerz, Erschöpfung oder wenn die Bewegung unsauber wird.

Testen Sie dann nach einer kurzen Pause (etwa zwei bis drei Minuten) die andere Seite (Stuhl auf der anderen Seite berühren). Sind die Werte unterschiedlich, zählt der niedrigere. Wie oft haben Sie es geschafft?

Auswertung:

- 0- bis 12-mal: Beginnen Sie mit dem Anfängerprogramm.
- 13- bis 20-mal: Starten Sie Ihr Fortgeschrittenenprogramm.
- Mehr als 20-mal: Beginnen Sie mit dem Könnerprogramm.

Test: Bewegungsablauf

Das angepasste Trainingsprogramm

Mit diesem Trainingsplan können Sie die Muskulatur besonders effektiv stärken. Das Vorbereitungstraining stellt den Körper schrittweise auf größere Belastungen ein. Dies ist vor allem bei Anfängern wichtig.

	Übung 1 (Seite 37)	Übung 2 (Seite 38)	Übung 3 (Seite 38)	Übung 4 (Seite 39)	Übung 5 (Seite 40)	Übung 6 (Seite 40)	Übung 7 (Seite 41)
1.–4. TE	3 x 15 WH Pause 30 s	3 x 15 WH Pause 30 s	4 x 20 WH Pause 30 s				
5.–8. TE		4 x 15 WH Pause 30 s	4 x 20 WH Pause 30 s	4 x 20 WH Pause 30 s			
9.–12. TE			4 x 20 WH Pause 30 s	4 x 20 WH Pause 30 s	4 x 20 WH Pause 30 s		
13.–16. TE				4 x 20 WH Pause 30 s	4 x 20 WH Pause 30 s	4 x 15 WH Pause 60 s	
17.–20. TE					4 x 20 WH Pause 30 s	4 x 15 WH Pause 60 s	4 x 12 WH Pause 90 s
21.–24. TE						4 x 15 WH Pause 60 s	4 x 12 WH Pause 90 s
25.–28. TE							4 x 12 WH Pause 90 s
	Vorbereitungstraining		Kraftausdauertraining			Maximalkrafttraining	

TE = Trainingseinheit bzw. Trainingstag
WH = Wiederholungen
s = Sekunden
Anfängerprogramm: schwarz
Fortgeschrittenenprogramm: grün
Könnerprogramm: blau

Beispiel: Sie haben beim Test auf der vorangegangenen Seite problemlos 15 Wiederholungen geschafft. Sie können also die Anfängerstufe überspringen und sofort beim Fortgeschrittenentraining beginnen. Dazu absolvieren Sie in den ersten vier Trainingseinheiten (bzw. Trainingstagen) Übung 2 (grün): insgesamt 3 Sätze (Durchgänge) à 15 Wiederholungen. Machen Sie zwischendurch jeweils 30 Sekunden Pause.

Folgen Sie dann der Tabelle und turnen Sie ab der fünften Trainingseinheit Übung 3, ab der neunten Übung 4, ab der dreizehnten Übung 5, bis Sie bei Übung 7 angelangt sind.

Die effektivsten *Übungen*

Übung 1

Ausgangsposition: Stellen Sie einen stabilen Stuhl mit der Sitzfläche nach unten an eine Wand und lehnen Sie sich mit dem Rücken an die Stuhllehne. Rücken und Hals bilden eine Linie. Winkeln Sie die Beine an und stellen Sie beide Fersen fest auf den Boden. Berühren Sie mit den Fingerspitzen den Hinterkopf und halten Sie die Ellbogen nach außen. Nun spannen Sie die Bauchmuskeln an, machen ein Doppelkinn und heben den Oberkörper leicht von der Stuhllehne ab. Legen Sie eventuell eine Handtuchrolle oder ein Lendenkissen unter die Lendenwirbel.

Für das Training gilt: Wechseln Sie nach jedem Durchgang die Seite.

Endposition: Beugen Sie sich diagonal nach vorne, indem Sie den Oberkörper zur Seite drehen. Heben Sie dabei jedoch nicht den ganzen Rumpf von der Stuhllehne ab, sodass die Lendenwirbelsäule immer in Kontakt mit ihr bleibt. Ziehen bzw. schieben Sie keinesfalls den Kopf mit den Händen nach vorn, sondern stützen Sie ihn lediglich mit den Fingern leicht ab. Drücken Sie am besten die Ellbogen weit nach außen. Atmen Sie aus, wenn Sie sich nach vorn bewegen, und ein, wenn Sie den Rumpf wieder absenken.

Um einseitige Belastungen zu vermeiden, wechseln Sie nach jedem Durchgang die Seite.

Variante: Anstelle eines Stuhls können Sie auch ein breites Brett, das Sie an die Wand lehnen, verwenden, dann lässt sich der Schwierigkeitsgrad beliebig verändern. Je schräger das Brett, desto schwerer wird es, den Oberkörper nach vorne zu rollen.

Übung 1: Endposition

Übung 2

Ausgangsposition: Legen Sie sich auf den Rücken und winkeln Sie die Beine an. Drücken Sie die Fersen gegen den Boden. Strecken Sie beide Arme zu einer Seite nach vorne. Halten Sie den Kopf gerade, indem Sie ein Doppelkinn machen. Heben Sie den Oberkörper leicht an, um die Bauchmuskulatur auf Spannung zu bringen.

Übung 2: Endposition

Endposition: Rollen Sie den Oberkörper nach vorne ein, bis nur noch die Lendenwirbel am Boden aufliegen. Drehen Sie ihn dabei gleichzeitig zur Seite (Arme mitbewegen). Beine und Becken bleiben stabil, werden also nicht mitgedreht. Die Bauchmuskulatur muss während der Übung permanent angespannt sein, damit das Training optimal wirkt.

Wechseln Sie nach jedem Durchgang die Seite.

Übung 3

Auch wenn Ihnen die Übungen zwischendurch schwer fallen, halten Sie sich Ihr Ziel immer klar vor Augen. Jede einzelne Trainingseinheit ist wichtig, um Sie einer schlanken Taille einen Schritt näher zu bringen.

Ausgangsposition: Legen Sie sich auf den Rücken. Überkreuzen Sie Ihre Beine und heben Sie sie vom Boden ab; Beine dabei nicht ganz durchstrecken, um die Kniegelenke zu entlasten. Umfassen Sie mit einer Hand die andere und strecken Sie dann beide Arme auf eine Seite nach vorne. Spannen Sie Ihre Bauchmuskulatur an, indem Sie den Oberkörper ganz leicht vom Boden abheben. Halten Sie den Kopf gerade, indem Sie ein Doppelkinn machen.

Endposition: Heben Sie den Oberkörper weiter vom Boden ab, bis die Schulterblätter ihn nicht mehr berühren. Drehen Sie sich dabei gleichzeitig in die Richtung, in die auch die Arme zeigen. Bewegen Sie diese dabei am Bein vorbei nach vorne. Vermeiden Sie jede ruckartige Bewegung, und achten Sie darauf, dass Sie Beine und untere Wirbelsäule nicht mitbewegen, wenn Sie den Oberkörper einrollen.

Wechseln Sie nach jedem Durchgang die Seite.

Atmen Sie während der gesamten Übung tief und gleichmäßig: beim Anspannen (also beim Aufrollen des Oberkörpers) ausatmen, beim Lockerlassen der Muskeln (Senken) wieder einatmen.

Übung 3: Endposition

Übung 4

Ausgangsposition: Die Ausgangsposition entspricht der der vorherigen Übung: Legen Sie sich auf den Rücken, überkreuzen Sie die Beine und heben Sie sie angewinkelt an. Kreuzen Sie die Arme vor dem Körper. Hals und Rücken bilden eine gerade Linie. Bringen Sie Ihre Bauchmuskulatur auf Vorspannung, indem Sie den Oberkörper minimal vom Boden abheben.

Übung 4: Endposition

Endposition: Heben Sie Ihren Oberkörper langsam weiter vom Boden ab, bis die Schulterblätter ihn nicht mehr berühren. Drehen Sie dabei eine Schulter in Richtung des gegenüberliegenden Knies. Achten Sie darauf, dass Sie dabei weder Beine noch Lendenwirbelsäule oder Kopf mitbewegen. Dann wieder absenken.

Wechseln Sie nach jedem Durchgang die Seite.

Übung 5

Ausgangsposition: Legen Sie sich auf den Rücken. Überkreuzen Sie die Beine und strecken Sie sie senkrecht nach oben. Halten Sie die Knie möglichst gestreckt. Kreuzen Sie die Arme vor dem Körper und halten Sie den Kopf gerade (Doppelkinn machen). Bringen Sie die Bauchmuskulatur auf Vorspannung, indem Sie den Oberkörper ganz leicht anheben.

Übung 5: Endposition

Endposition: Heben Sie den Oberkörper nun an, bis die Schulterblätter keinen Kontakt mehr zum Boden haben. Drehen Sie dazu eine Schulter zur Seite des gegenüberliegenden Beines. Beine und Lendenwirbelsäule dürfen dabei nicht mitbewegt werden.

Halten Sie die Beine während der ganzen Übung gestreckt im rechten Winkel. Sinken sie nach vorne ab, haben Sie nicht den maximalen Trainingseffekt. Fällt Ihnen das anfangs zu schwer, können Sie sie leicht an der Wand abstützen.

Halten Sie den Kopf in der stabilen Position und wechseln Sie nach jedem Durchgang die Seite.

Übung 6

Ausgangsposition: Legen Sie sich auf den Rücken, überkreuzen Sie die Beine und strecken Sie sie senkrecht zur Decke. Die Knie dabei möglichst durchstrecken. Rücken und Hals bilden eine gerade Linie. Winkeln Sie die Arme in Schulterhöhe an und legen Sie die Fingerspitzen seitlich an die Schläfen. Die Ellbogen zeigen nach außen. Heben Sie den Oberkörper minimal an und bauen Sie so eine Vorspannung der Bauchmuskulatur auf.

Endposition: Heben Sie nun den Oberkörper weiter an und drehen Sie eine Schulter dabei zum gegenüberliegenden Bein.

Halten Sie die Beine stets in der Ausgangsposition und ziehen Sie den Kopf nicht mit den Armen nach vorne. Halten Sie während der ganzen Übung die Spannung in der Bauchmuskulatur, indem Sie den Oberkörper beim Absenken nie ganz absetzen.

Nach jedem Durchgang Seitenwechsel.

Übung 6: Endposition

Übung 7

Ausgangsposition: Legen Sie sich auf den Rücken. Überkreuzen Sie die Beine und strecken Sie sie senkrecht zur Decke. Fassen Sie mit beiden Händen eine 1-kg-Hantel (fällt dies anfangs zu schwer, einfach mit einer Hand die andere umfassen) und strecken Sie die Arme über den Kopf nach hinten. Machen Sie ein Doppelkinn und heben Sie den Oberkörper leicht an.

Übung 7: Endposition

Endposition: Beugen Sie den Oberkörper weiter nach oben, bis die Schulterblätter keinen Kontakt mehr zum Boden haben. Drehen Sie sich gleichzeitig zur Seite, ohne die Arme nach vorne zu ziehen.

Wechseln Sie nach jedem Durchgang die Seite.

Trainingsziel der letzten Übungsgruppe ist die Kräftigung der quer verlaufenden Bauchmuskeln, die ebenfalls für eine schlanke Taille sorgen.

Die queren Bauchmuskeln –

Übungen für die schlanke Taille

Testen Sie nun Ihre quer verlaufende Bauchmuskulatur und probieren Sie, wie oft Sie die nachfolgende Übung ohne Probleme schaffen.

Testen Sie Ihre *Muskeln*

Ausgangsposition: Strecken Sie die Beine überkreuzt zur Decke und rollen Sie Ihren Oberkörper so weit es geht nach vorne, ohne die Lendenwirbel vom Boden zu lösen. Schieben Sie einen Stuhl so weit von sich weg, dass Sie ihn gerade noch mit den Fingern berühren können. Senken Sie den Oberkörper auf den Boden.

Test: Bewegungsablauf

Endposition: Rollen Sie den Oberkörper wieder hoch und bewegen Sie ihn dann so weit wie möglich horizontal nach rechts und links zur Seite und berühren Sie dabei jeweils eine Seite des Stuhls. Beine und Hüfte dürfen dabei nicht mitbewegt werden, der Oberkörper sollte maximal gebeugt bleiben!

Zählen Sie langsam »eins (rechte Seite) und (Mitte) zwei (linke Seite) und (Mitte)...«.

Beenden Sie den Test, wenn die Bewegungen unsauber werden oder wenn Sie Schmerzen haben.

Auswertung:

- 0- bis 12-mal: Beginnen Sie mit dem Anfängerprogramm.
- 13- bis 20-mal: Starten Sie das Fortgeschrittenenprogramm.
- Mehr als 20-mal: Sie können gleich als Könner beginnen.

Der begleitende *Trainingsplan*

Auch für diese Übungsgruppe wurde ein effektiver Trainingsplan für alle drei Testtypen zusammengestellt. Vor allem als Anfänger ist es wichtig, den Körper durch das Vorbereitungstraining langsam an die wachsende Belastung zu gewöhnen.

	Übung 1 (Seite 45)	Übung 2 (Seite 46)	Übung 3 (Seite 46)	Übung 4 (Seite 47)	Übung 5 (Seite 48)	Übung 6 (Seite 48)	Übung 7 (Seite 49)
1.–4. TE	3 x 15 WH Pause 30 s	3 x 15 WH Pause 30 s	4 x 20 WH Pause 30 s				
5.–8. TE		4 x 15 WH Pause 30 s	4 x 20 WH Pause 30 s	4 x 20 WH Pause 30 s			
9.–12. TE			4 x 20 WH Pause 30 s	4 x 20 WH Pause 30 s	4 x 20 WH Pause 30 s		
13.–16. TE				4 x 20 WH Pause 30 s	4 x 20 WH Pause 30 s	4 x 15 WH Pause 60 s	
17.–20. TE					4 x 20 WH Pause 30 s	4 x 15 WH Pause 60 s	4 x 12 WH Pause 90 s
21.–24. TE						4 x 15 WH Pause 60 s	4 x 12 WH Pause 90 s
25.–28. TE							4 x 12 WH Pause 90 s
	Vorbereitungstraining		Kraftausdauertraining			Maximalkrafttraining	

TE = Trainingseinheit bzw. Trainingstag
WH = Wiederholungen
s = Sekunden
Anfängerprogramm: schwarz
Fortgeschrittenen-programm: grün
Könnerprogramm: blau

Beispiel: Sie haben die Testübung maximal 11-mal geschafft, müssen Ihr Training also als Anfänger beginnen. Absolvieren Sie dann während der ersten vier Trainingseinheiten nur die erste Übung. Wiederholen Sie sie 15-mal (ein Durchgang bzw. Satz). Anschließend machen Sie eine Pause von 30 Sekunden, ehe Sie nochmals zwei Sätze turnen (insgesamt drei Durchgänge).

Ab dem fünften Trainingstag (bzw. der fünften Trainingseinheit) turnen Sie Übung 2 in vier Durchgängen à 15 Wiederholungen. Auf diese Weise geht es wie in der Tabelle angegeben weiter: Ab dem neunten Trainingstag Übung 3, ab dem dreizehnten Übung 4 usw.

Die besten Übungen

Übung 1

Ausgangsposition: Stellen Sie einen stabilen Stuhl mit der Sitzfläche nach unten an eine Wand und lehnen Sie sich mit dem Rücken an die Stuhllehne. Rücken und Hals bilden eine Linie. Winkeln Sie die Beine an und stellen Sie beide Fersen fest auf den Boden. Halten Sie den Kopf gerade, indem Sie versuchen, ein Doppelkinn zu machen. Strecken Sie die Arme nach vorne und beugen Sie den Oberkörper so weit nach vorne, dass nur noch Gesäß und Lendenwirbelsäule die Stuhllehne berühren. Legen Sie eventuell eine Handtuchrolle oder ein Lendenkissen unter die Lendenwirbel.

Atmen Sie bei allen Übungen ruhig und gleichmäßig. Die so genannte Pressatmung kann die Blutzirkulation und den Blutfluss negativ beeinflussen und hemmen. Machen Sie außerdem zwischendurch das Fenster auf und sorgen Sie für ausreichende Frischluftzufuhr.

Endposition: Halten Sie den Oberkörper in der gespannten Position und schieben Sie abwechselnd die linke Hand zum linken Fuß, die rechte zum rechten. Drehen Sie dabei den Oberkörper nicht, sondern nähern Sie sich mit der Schulter jeweils der gleichseitigen Hüfte an.

Atmen Sie gleichmäßig ein und aus. Zählen Sie jede Bewegung auf eine Seite als eine Wiederholung.

Variante: Anstelle eines Stuhls können Sie auch ein breites Brett verwenden. Durch dessen Stellung lässt sich der Schwierigkeitsgrad dieser Übung beliebig verändern. Je schräger Sie das Brett an die Wand lehnen, desto schwerer wird es, den Oberkörper nach vorne zu rollen. Je aufrechter Sie dagegen sitzen, desto leichter wird die Bewegung. Machen Sie es sich aber auch als Anfänger nicht zu leicht, sonst haben die Muskeln nichts davon.

Übung 1: Endposition

Übung 2

Ausgangsposition: Legen Sie sich auf den Rücken, winkeln Sie die Beine an und drücken Sie die Fersen fest auf den Boden. Strecken Sie die Arme zu den Knien. Machen Sie ein Doppelkinn und rollen Sie den Oberkörper nach vorn, bis nur noch die Lendenwirbelsäule den Boden berührt. Die Arme dabei nach vorne schieben.

Übung 2: Endposition

Endposition: Halten Sie den Oberkörper in der Ausgangsposition und schieben Sie abwechselnd die rechte und linke Hand horizontal in Richtung der Füße. Versuchen Sie dabei Ihre Rippen dem Beckenkamm anzunähern. Zählen Sie jede Bewegung auf eine Seite als eine Wiederholung

Ganz wichtig: Achten Sie auf eine korrekte Übungsausführung, indem Sie das Drehen oder Absinken des Oberkörpers vermeiden, und Beine, Becken sowie Lendenwirbelsäule möglichst stabil halten.

Übung 3

Eine langsame und gleichmäßige Übungsausführung steigert den Trainingseffekt. Eine schnelle und unkorrekte Durchführung belastet dagegen die Gelenke!

Ausgangsposition: Legen Sie sich auf den Rücken. Überkreuzen Sie die Beine und heben Sie sie angewinkelt vom Boden ab. Der Winkel zwischen Rumpf und Oberschenkeln beträgt 90 Grad. Halten Sie den Kopf gerade, indem Sie ein Doppelkinn machen. Heben Sie nun den Oberkörper an, bis die Schulterblätter keinen Kontakt mehr zum Boden haben. Strecken Sie beide Arme in Richtung der Füße.

Endposition: Halten Sie den Oberkörper in der Ausgangsposition gebeugt und schieben Sie abwechselnd die rechte und linke Hand horizontal in Richtung der Füße. Halten Sie dabei den Kopf die ganze

Zeit stabil. Auch Beine und Lendenwirbelsäule dürfen nicht mitbewegt werden.

Ganz wichtig: Unterbrechen Sie die Bewegung beim Seitenwechsel nicht, sondern bewegen Sie sich langsam und gleichmäßig auf beide Seiten. Vermeiden Sie ein Absinken des Oberkörpers und halten Sie nicht die Luft an. Atmen Sie stattdessen ruhig und gleichmäßig weiter.

Jede Bewegung zur Seite zählt als eine Wiederholung.

Übung 3: Endposition

Übung 4

Ausgangsposition: Legen Sie sich auf den Rücken. Überkreuzen Sie Ihre Beine und heben Sie sie im rechten Winkel vom Boden. Die Knie sind abgewinkelt. Machen Sie ein Doppelkinn, Rücken und Hals bilden eine Linie. Verschränken Sie die Arme vor dem Körper. Rollen Sie den Oberkörper hoch, bis die Schulterblätter nicht mehr am Boden aufliegen.

Übung 4: Endposition

Endposition: Halten Sie den Oberkörper gebeugt. Neigen Sie sich in fließenden Bewegungen abwechselnd horizontal nach beiden Seiten, ohne dass der Oberkörper dabei absinkt. Beine und unterer Rücken bleiben stabil. Atmen Sie ganz gleichmäßig.

Zählen Sie jede Seitneigung als eine Wiederholung.

Übung 5

Ausgangsposition: Legen Sie sich auf den Rücken. Überkreuzen Sie Ihre Beine und strecken Sie sie senkrecht zur Decke. Halten Sie dabei die Knie möglichst gestreckt. Verschränken Sie die Arme vor dem Körper und heben Sie den Oberkörper langsam vom Boden ab, bis die Schulterblätter ihn nicht mehr berühren. Rücken und Hals bilden eine Linie. Doppelkinn machen.

Übung 5: Endposition

Endposition: Halten Sie den Oberkörper weiter gebeugt. Neigen Sie sich nun abwechselnd horizontal nach beiden Seiten. Zählen Sie jede Bewegung auf eine Seite als eine Wiederholung.

Achten Sie während der gesamten Übung darauf, dass Sie die Bewegungen korrekt ausführen. Sonst wird der Trainingseffekt stark gemindert. Halten Sie also die Beine im 90-Grad-Winkel gestreckt und bewegen Sie weder Beine noch untere Wirbelsäule mit. Auch der Oberkörper muss stets gebeugt bleiben und darf nicht nach unten absinken. Halten Sie nicht die Luft an, sondern atmen Sie ruhig und gleichmäßig ein und aus.

Kontrollieren Sie die Stellung der Beine, indem Sie sie nah an einer Wand nach oben strecken, ohne diese jedoch zu berühren. Fällt es Ihnen anfangs schwer, die Position zu halten, dürfen Sie die Beine auch an der Wand abstützen.

Übung 6

Ausgangsposition: Legen Sie sich auf den Rücken. Überkreuzen Sie die Beine und strecken Sie sie senkrecht zur Decke. Winkeln Sie die Arme in Schulterhöhe an und legen Sie die Fingerspitzen seitlich an die Schläfen. Strecken Sie die Ellbogen dabei weit nach hinten. Rollen Sie nun den Oberkörper langsam nach oben ein, bis die Schulterblätter keinen Kontakt mehr zum Boden haben. Halten Sie den Kopf gerade, Rücken und Hals bilden eine gerade Linie.

Endposition: Halten Sie Ihren Oberkörper weiterhin gebeugt. Neigen Sie ihn dann horizontal abwechselnd nach rechts und links. Jede Seitneigung zählt dabei als eine Wiederholung.

Wie bei der vorherigen Übung ist es entscheidend für den Trainingseffekt, dass Sie die Grundstellung der Beine während der ganzen Übung beibehalten. Drehen Sie sie also nicht mit und versuchen Sie gleichzeitig, den Oberkörper möglichst hoch zu halten.

Ziehen bzw. schieben Sie den Kopf nicht mit den Händen und vergessen Sie nicht, gleichmäßig weiter zu atmen.

Übung 6: Endposition

Übung 7

Ausgangsposition: Legen Sie sich auf den Rücken. Überkreuzen Sie die Beine und strecken Sie sie in die Luft. Fassen Sie mit beiden Händen ein Gewicht (anfangs eventuell nur eine Hand um die andere legen) und strecken Sie die Arme über den Kopf nach hinten. Heben Sie den Oberkörper bis zur Lendenwirbelsäule vom Boden ab. Halten Sie dabei den Kopf gerade.

Übung 7: Endposition

Endposition: Neigen Sie den Oberkörper abwechselnd nach rechts und links. Halten Sie das Gewicht weiterhin über dem Kopf, ohne die Position der Arme zu verändern.

Ausdauertraining ist wohl die effektivste Maßnahme, wenn es darum geht, Energie zu verbrauchen und Fett abzubauen. Damit das Bauchtraining auf Dauer nicht zu einseitig wird, finden Sie hier außerdem Ausgleichsübungen für Ihren Rücken.

Ausdauer– und Ausgleichstraining

Ein ausgewogenes Trainingsprogramm sollte sowohl Übungen zum Fettabbau als auch zum Muskelaufbau enthalten. Liegt Ihr BMI-Wert bzw. Ihr Köperfettanteil über dem Normalbereich, dann empfiehlt sich ein Trainingsschwerpunkt im Bereich des Fettabbaus. Darüber hinaus spielen Ausgleichsübungen für den Rücken eine nicht unwesentliche Rolle für ein ausgewogenes Training.

Effektives *Ausdauertraining*

Für den effizienten Fettabbau bieten sich im Wesentlichen zwei Arten des Ausdauertrainings an: das Fettstoffwechseltraining und das intensive Ausdauertraining.

Das Fettstoffwechseltraining

Beim Fettstoffwechseltraining baut der Körper bereits während der Belastung Fett ab (bei allen anderen Trainingsmethoden dieses Buches wird Fett erst nach der Belastung vermehrt abgebaut).

Es gilt folgender Grundsatz: Trainieren Sie bei geringer Anstrengung über einen langen Zeitraum. Lang andauernd bedeutet in diesem Zusammenhang eine Belastungszeit von mindestens einer Stunde. Bis zu diesem Zeitpunkt werden vorwiegend Kohlenhydrate verbrannt. Erst dann setzt vermehrt Fettverbrauch ein. Nach oben sind der Belastungsdauer fast keine Grenzen gesetzt. Vorteil dieser Trainingsmethode: Plagen und Schuften ist nicht notwendig. Eine gesellige Radtour mit Freunden oder der Familie werden Sie sicherlich nicht als unangenehm empfinden, auch wenn sie über mehrere Stunden andauert.

Die Belastung beim Training lässt sich durch Bestimmung der Herzfrequenz (= Anzahl der Herzschläge pro Minute) genau dosieren. Je höher die Herzfrequenz, desto höher der Kohlenhydratverbrauch, je niedriger die Herzfrequenz, desto mehr wird Energie aus Fetten gewonnen. In der nachfolgenden Tabelle finden Sie den für Sie optimalen Trainingspuls in Abhängigkeit von Alter und Ruhepuls. Den Ruhepuls bestimmen Sie morgens unmittelbar vor dem Aufstehen. Zählen Sie dazu zehn Sekunden Ihre Herzschläge und nehmen Sie die Anzahl mal sechs.

Unser Körper gewinnt Energie vorwiegend aus Kohlenhydraten und Fetten. Kohlenhydrate werden hauptsächlich bei kurzen und intensiven Belastungen verbraucht. Fette liefern Energie für lang andauernde Aktivitäten bei relativ geringer Belastung.

Wählen Sie Ruhepuls (RP) und Alter, die Ihnen am nächsten liegen. Beispiel: Sie haben einen Ruhepuls von 60. Sie sind 35 Jahre alt. Ihr optimaler Trainingspuls für das Fettstoffwechseltraining sollte bei etwa 135 Schlägen liegen.

Der optimale Trainingspuls beim Fettstoffwechseltraining

Alter	RP 50	RP 60	RP 70	RP 80	RP 90
20	140	144	148	152	156
25	137	141	145	149	153
30	134	138	142	146	150
35	131	135	139	143	147
40	128	132	136	140	144
45	125	129	133	137	141
50	122	126	130	134	138
55	119	123	127	131	135
60	116	120	124	128	132
65	113	117	121	125	129
70	110	114	118	122	126

Pulskontrolle während des Trainings

Eine optimale und einfache Kontrolle der Herzfrequenz bieten automatische Pulsfrequenzmesser (Brustgurt, Ohrclip). Beim Überschreiten bzw. Unterschreiten der vorgegebenen Zielherzfrequenz gibt das Gerät einen Signalton und ermöglicht dadurch eine ständige Kontrolle. Derartige Herzfrequenzmessgeräte sind in jedem Sportgeschäft ab etwa 100 DM erhältlich. Es geht aber natürlich auch ohne technische Gerätschaften. Unterbrechen Sie kurz das Training und messen Sie für zehn Sekunden Ihre Herzschläge mit zwei Fingerkuppen nahe des Kehlkopfs an der Halsschlagader. Multiplizieren Sie den Wert mit sechs und Sie erhalten Ihre aktuelle Herzfrequenz.

Für das Ausdauertraining sind alle Sportarten geeignet, die viele Muskeln gleichzeitig beanspruchen. Auf Seite 76 finden Sie eine Auswahl an Sportarten.

Das intensive Ausdauertraining

Ziel des Fettstoffwechseltrainings ist eine unmittelbare Nutzung und der Verbrauch der Fettreserven. Die Wirkungsweise eines intensiven Ausdauertrainings baut in erster Linie auf einen hohen Energieverbrauch während der Belastung und damit auf einen positiven Einfluss auf die Energiebilanz. Während des Trainings werden große Mengen Kohlenhydrate, aber nur wenig Fett verbrannt. Nach der Belastung kommt es zu einer Art »Nachbrenneffekt«, der zusätzlich die Fettreserven angreift.

Diese Art des Trainings ist ideal für Menschen mit wenig Zeit. Für Anfänger sind 20 bis 30 Minuten ausreichend. Auch Könner sollten aufgrund der hohen Belastung eine Dauer von 60 Minuten nicht überschreiten, da es sonst zu Überlastungen kommen kann. Ihre optimale Belastung wählen Sie anhand der nachstehenden Tabelle.

Der optimale Trainingspuls beim Ausdauertraining

Alter	RP 50	RP 60	RP 70	RP 80	RP 90
20	170	172	174	176	178
25	166	168	170	172	174
30	162	164	166	168	170
35	158	160	162	164	166
40	154	156	158	160	162
45	150	152	154	156	158
50	146	148	150	152	154
55	142	144	146	148	150
60	138	140	142	144	146
65	134	136	138	140	142
70	130	132	134	136	138

Beim Ausdauertraining sollten Sie die Trainingsbelastung von Zeit zu Zeit an Ihre verbesserte Ausdauer anpassen.

So sieht die Praxis aus

- Trainieren Sie regelmäßig – etwa zwei- bis viermal pro Woche – Ihre Ausdauer, so haben Sie einen optimalen Effekt beim Fettabbau. Einmaliges Training in der Woche ist nicht genug. Häufigeres Training ist als Hochleistungstraining zwar sinnvoll, birgt aber die Gefahr der Überlastung.
- Auf jede Belastung sollte eine Phase der Entlastung folgen. Der Körper braucht Zeit zur Regeneration, um für ein erneutes Ausdauertraining belastbar zu sein. Bei Ausdauerbelastungen reicht für Fortgeschrittene ein Tag Pause, für Einsteiger sind zwei bis drei Tage optimal. Trainingsunterbrechungen über vier oder mehr Tage sind zu lang und hemmen den Trainingserfolg. An Tagen, an denen Sie kein Ausdauertraining machen, kann ein Krafttraining durchgeführt werden, da dabei eine andere Art der Belastung wirkt.
- Trainieren Sie nach dem Prinzip der ansteigenden Belastung. Ihr Körper gewinnt durch gezieltes Training schnell an Leistungsfähigkeit und ist bei immer gleich bleibender Belastung unterfordert. Steigern Sie schrittweise die Belastung, indem Sie zuerst häufiger, dann länger und zuletzt intensiver trainieren.

Ausgleichsübungen für den Rücken

Damit Ihr Training nicht zu einseitig wird, sollten Sie Übungen zur Kräftigung der Rückenmuskulatur in jedes Krafttraining einbauen. Der Schwierigkeitsgrad sollte Ihrem Trainingsstand entsprechen.

Für Anfänger: Übung leicht

Aufgabe: etwa 30–60 Sekunden halten
Durchgänge: 4–6
Pause: 30 Sekunden

Übungsposition: Legen Sie sich auf den Rücken und winkeln Sie Ihre Beine an. Heben Sie die Fußspitzen vom Boden ab, sodass das Gewicht auf den Fersen liegt. Bringen Sie nun das Gesäß so weit nach oben, bis Rumpf und Oberschenkel eine Linie bilden, und halten Sie diese Position 30 bis 60 Sekunden. Das Gesäß darf nicht absinken. Atmen Sie gleichmäßig und halten Sie nicht die Luft an. Nach der Anspannung absenken und 30 Sekunden pausieren. Dann wieder anspannen.

Sie können diese einfache Ausgleichsübung (aber auch die schwereren) anstelle der Pausen zwischen den Durchgängen des Bauchkrafttrainings durchführen. Das erhöht den Energieverbrauch und spart Ihnen Zeit. Sie müssen die Ausgleichsübungen dann nicht im Anschluss an das Bauchtraining durchführen.

Übung leicht

Für Fortgeschrittene: Übung mittel

Aufgabe: 15–30 Schritte im Sekundenrhythmus
Durchgänge: 3–5
Pause: 30 Sekunden

Übungsposition: Legen Sie sich auf den Rücken und winkeln Sie Ihre Beine an. Heben Sie die Fußspitzen vom Boden ab, sodass das Gewicht auf den Fersen liegt. Bringen Sie Ihr Gesäß so weit nach oben, bis Rumpf und Oberschenkel eine Linie bilden. Heben Sie nun im Sekundenrhythmus abwechselnd das linke und das rechte Bein leicht vom Boden ab, so als ob Sie auf der Stelle gehen würden. Atmen Sie dabei ruhig und gleichmäßig und halten Sie nicht die Luft an.

Wichtig: Der Rumpf darf sich während der Schritte nicht absenken. Halten Sie also den Rücken gestreckt, damit Sie die Position halten und einen optimalen Trainingseffekt erzielen.

Übung mittel

Aufgabe: 15–30 Wiederholungen
3–5 Durchgänge je Bein
Pause: 10–20 Sekunden

Für Könner: Übung schwer

Ausgangsposition: Legen Sie sich auf den Rücken. Winkeln Sie die Beine an, und stellen Sie sich auf die Fersen. Ziehen Sie ein Bein in Richtung Brust. Verlagern Sie das Gewicht auf das andere Bein und heben Sie das Becken leicht an.

Übung schwer

Endposition: Bringen Sie das Becken nun ganz nach oben, bis der Rumpf und der Oberschenkel des aufgestellten Beines eine Linie bilden. Wechseln Sie dann nach einer kurzen Pause auf das andere Bein.

Wichtig: Vermeiden Sie ein seitliches Absinken des Beckens und halten Sie die Lendenwirbelsäule während des gesamten Bewegungsablaufes gestreckt. Setzen Sie den Körper in der Ausgangsposition nicht ab; ruhig atmen.

Bestimmte Stoffe in der Nahrung sorgen dafür, dass Nahrungsfett in die Körperzellen wandert, wo es in Energie umgesetzt wird. Diese so genannten Fatburner fördern aber nicht nur den Abtransport, sondern sind selbst an der Fettverbrennung beteiligt. Mit ihrer Hilfe können Sie Speckpolster gezielt abbauen – ohne zu fasten oder zu hungern. Die folgenden Rezepte zeigen Ihnen, wie Sie mit Genuss Pfund für Pfund verlieren.

Fatburner-Rezepte – schneller Weg zur Traumfigur

Frühstück

Joghurtmüsli mit Früchten

Das Frühstück ist die wichtigste Mahlzeit des Tages; deshalb sollten Sie besonders darauf achten, vollwertig zu essen und leeren Kohlenhydraten aus weißem Mehl und Zucker eine klare Absage zu erteilen.

Joghurtmüsli mit Früchten

Zutaten pro Person

- 150 g fettarmer Joghurt
- 150 g Früchte
- 5–6 EL kernige Haferflocken

1. Den Joghurt in einen Suppenteller geben.
2. Die Früchte waschen, putzen, verlesen und in mundgerechte Stücke schneiden.
3. Die Fruchtstücke unter den Joghurt mischen, die Haferflocken kurz unterheben und das Müsli gleich verzehren.

Frisches Erdbeerbrötchen mit Hüttenkäse

Zutaten pro Person

- 1 Vollkornbrötchen
- 4 EL Hüttenkäse
- 100 g Erdbeeren

1. Die Erdbeeren vorsichtig in stehendem Wasser waschen, den Stielansatz entfernen und die Beeren in Scheiben schneiden.
2. Das Brötchen halbieren, den Hüttenkäse darauf verteilen und mit den Erdbeeren belegen.

Extratipp: Haben die Früchte wenig Süße, können Sie den Geschmack mit etwas Honig abrunden.

Pikanter Brotaufstrich mit Paprikaquark

Zutaten für 2 Personen

- 200 g Magerquark
- 1 grüne Paprikaschote
- 1 EL gehackte Blattpetersilie
- Paprika edelsüß
- Pfeffer aus der Mühle

Extratipp: Dieser erfrischend-pikante Brotaufstrich schmeckt auch gut zu Pellkartoffeln.

1. Den Quark in eine Schüssel geben.
2. Die Paprikaschote halbieren. Den Strunk, Häute und Kerne gut ausschneiden. Die Paprika ausspülen, trockentupfen und anschließend sehr fein schneiden.
3. Die Paprikastücke zusammen mit Petersilie, Paprika und Pfeffer unter den Quark ziehen und abschmecken.

Champignon-Käse-Brot

Zutaten für ein Brot

- 60 g Champignons
- Saft von 1/2 Zitrone
- 1 EL Petersilie (auch TK)
- frisch gemahlener Pfeffer
- Salz
- 1 Scheibe Vollkornbrot
- 1 Scheibe Tilsiter
- 1 TL Olivenöl

1. Die Champignons putzen und in Scheiben schneiden.
2. Die Pilze mit Zitronensaft und Petersilie vermengen, mit Pfeffer und Salz abschmecken.
3. Die Champignons auf der Brotscheibe verteilen, den Käse darüber legen und das Brot in einer beschichteten Pfanne zugedeckt erwärmen, bis der Käse geschmolzen ist.

Pikantes Brötchen mit Ei

Zutaten

Extratipp: Dazu schmeckt eine Vollkornbrezel.

- 1 Vollkornbrötchen
- 30g Gorgonzola
- 1 TL Honig
- 1 TL Kräuterfrischkäse
- 1 Salatblatt
- 2 Scheiben Gemüsesulze
- 1 Ei
- 1 Vollkornbrezel

1. Das Brötchen halbieren, eine Hälfte mit Gorgonzola belegen und mit Honig beträufeln.
2. Die andere Hälfte mit Frischkäse bestreichen, das gewaschene Salatblatt und die Gemüsesülze darauf legen. Das Ei nach Geschmack weich oder hart kochen und mit Kräutersalz bestreuen.

Zwischenmahlzeiten (Snacks und Drinks)

Wer kennt nicht den »kleinen Hunger« oder das »Elf-Uhr-Loch«, wenn man zwischen den Hauptmahlzeiten einfach eine kulinarische Aufmunterung braucht, um seine Energietanks wieder aufzufüllen? Ernährungsexperten wissen das – und haben für Sie die richtigen Rezepte für zwischendurch parat.

Rucola-Tomaten-Quark

Zutaten pro Person

- 50 g jungen Rucola (= Rauke)
- 1 Eiertomate
- 160 g Magerquark
- 2 EL Mineralwasser
- 1 gehäufter EL gehacktes Basilikum
- Salz
- Pfeffer aus der Mühle
- 1 Vollkornbrötchen

1. Den Rucolasalat waschen und trockenschwenken. Die Tomate waschen, den Stielansatz entfernen und das Fruchtfleisch in feine Würfel schneiden.
2. Den Quark mit Mineralwasser, gehacktem Basilikum und Tomatenwürfeln verrühren. Mit Salz und Pfeffer abschmecken.
3. Den Quark auf dem Rucolasalat anrichten und mit dem Brötchen servieren.

Tomatenbaguette

Tomatenbaguette

Zutaten pro Person

- 150 g Tomaten
- 1 Knoblauchzehe
- Salz
- frisch gemahlener Pfeffer
- 1 knapper TL Olivenöl
- 3 Scheiben Vollkornbaguette
- Basilikumblätter zum Garnieren

1. Die Tomaten waschen, die Stielansätze entfernen. Fruchtfleisch in sehr feine Würfel schneiden und in eine Schüssel geben.

Extratipp: Das Tomatenbaguette ist ein erfrischender Snack an heißen Tagen.

2. Den Knoblauch abziehen, zerdrücken und zu den Tomaten geben. Mit wenig Salz, aber reichlich Pfeffer abschmecken. Das Öl unterrühren.
3. Die Baguettescheiben toasten.
4. Die Tomaten gleichmäßig auf dem Brot verteilen. Mit Basilikumblättern garnieren und sofort verzehren.

Das Tatarbrötchen kann man aus den unterschiedlichsten Vollkornbrötchen zubereiten.

Tatarbrötchen

Zutaten pro Person

- 120 g Tatar
- 1 TL gehackte Blattpetersilie
- Pfeffer aus der Mühle
- Paprika edelsüß
- 1 Kornspitz
- 2 große Salatblätter
- 6 Scheiben Tomaten
- einige Zwiebelringe
- 6 Scheiben Salatgurke

1. Das Tatar mit etwas Wasser und der Petersilie zu einem Teig kneten. Mit Pfeffer und Paprika abschmecken. Mit angefeuchteten Händen drei kleine flache Küchlein formen. Eine beschichtete Pfanne erhitzen, die Küchlein bei geschlossenem Deckel fünf Minuten garen, dabei einmal wenden.
2. In der Zwischenzeit den Kornspitz durchschneiden.
3. Die Salatblätter waschen und trockentupfen und auf das Brot legen; darauf abwechselnd die Tomaten- und Gurkenscheiben schuppenförmig setzen.
4. Die fertigen Fleischküchlein aus der Pfanne nehmen, auf das Gemüse setzen, die Zwiebelringe darauf verteilen und die obere Hälfte des Kornspitzes darauf legen.

Obst

- 1/2 Honigmelone oder 150 g Sauerkirschen oder 1 Birne oder 1 Apfel oder 250 g Erdbeeren

Nüsse

- 1 Hand voll gemischte ungesalzene Nüsse

Energieriegel

Energieriegel

Zutaten (für ca. 20 Stück)

- 60 g Aprikosen
- 60 g Datteln
- 60 g Rosinen
- 60 g Feigen
- 30 g Sonnenblumenkerne
- 30 g Sesamkörner
- 30 g Haselnusskerne
- 30 g Walnusskerne
- 120 g Haferflocken
- 2 TL Akazienhonig
- 4 TL Zitronensaft
- 2 TL Birnendicksaft
- 1 TL Pflanzenöl

1. Zunächst den Backofen auf 180 °C (Umluft 160 °C, Gas Stufe 2–3) vorheizen.
2. Die Früchte und die Nüsse mit dem Wiegemesser fein wiegen oder im Mixer zerkleinern.
3. Anschließend mit den Haferflocken, dem Akazienhonig, dem Zitronensaft und dem Birnendicksaft zu einer gleichförmigen Masse vermischen.
4. Die klebrige Masse auf ein sehr sparsam geöltes Backblech streichen und im Backofen 10 bis 15 Minuten backen.
5. Aus dem Ofen nehmen und gleich mit einem Messer in Rechtecke schneiden. Die Riegel auskühlen lassen und in einer verschließbaren Dose aufbewahren.

Extratipp: Dieser Energieriegel ist zwar sehr kalorienhaltig, aber da er ohne Fett zubereitet wird, ersetzt er den »kleinen Hunger« auf Schokolade oder Bonbons.

Grüner Kefir

Zutaten pro Person

- 150 ml fettarmer Kefir
- 2 Kiwis
- 1 TL Honig
- 1 EL Hefeflocken (nach Belieben)

1. Die Kiwis schälen, vierteln und den weißen Strunk ausschneiden.
2. Die Kiwiviertel zusammen mit dem Honig und dem gut gekühlten Kefir im Mixer pürieren.
3. In ein Glas füllen, nach Geschmack Hefeflocken darüber streuen und sofort verzehren.

Hauptgerichte für Mittag und Abend

Essen, sogar richtig schlemmen, und dabei nicht an die Figur denken müssen? Bei unseren leckeren Rezepten ist für jeden etwas dabei; alle Gerichte sind aus figurfreundlichen Zutaten zusammengestellt und lassen überflüssiges Fett einfach und schnell verschwinden.

Gemüsesuppe »Vier Jahreszeiten«

Zutaten für 4 Personen

- 200 g getrocknete dicke Bohnen
- 250 g Spitzkohl
- 250 g Tomaten
- 250 g Auberginen
- 250 g Zucchini
- 1 Zwiebel
- 100 g Steinpilze
- 1 Bund Petersilie
- Weißwein zum Abschmecken
- 1,5 l Gemüsebrühe
- frisch gemahlener Pfeffer aus der Mühle
- Salz
- 150 g Vollkornnudeln

1. Die Bohnen über Nacht in Wasser einweichen. Dann im Einweichwasser im Dampfdrucktopf knapp 20 Minuten garen, absieben.
2. Inzwischen den Kohl putzen, den Strunk entfernen und den Kohl in Würfel schneiden. Die Tomaten waschen, die Stielansätze entfernen und das Fruchtfleisch würfeln. Die Zucchini und Auberginen waschen, den Stielansatz abschneiden und das Gemüse würfeln. Die Zwiebel abziehen und fein würfeln. Die Steinpilze putzen und in Scheiben schneiden. Die Bohnen abgießen. Die Petersilie waschen, trockenschwenken und fein hacken.
3. Die Zwiebel im Dampfdrucktopf glasig dünsten, das Gemüse zugeben, kurz dünsten, mit Wein ablöschen, mit Gemüsebrühe aufgießen, Deckel schließen und 5 Minuten garen.
4. Währenddessen die Vollkornnudeln nach Packungsangabe in reichlich Salzwasser bissfest garen. Danach abschütten und zum Gemüse geben. Mit Pfeffer und Salz abschmecken und die gehackte Petersilie untermischen.

Gefüllte Zucchini (Foto siehe Seite 56)

Zutaten für 4 Personen

- 200 ml Wasser
- Salz
- 200 g Bulgur
- 4 Zucchini
- 2 Schalotten
- 2 Knoblauchzehen
- 4 Tomaten
- frisch gemahlener Pfeffer
- 100 g geriebener Käse (Emmentaler, Gouda)

1. Das Wasser mit einer Prise Salz zum Kochen bringen, den Bulgur einrühren und 10 Minuten bei ausgeschalteter Platte quellen lassen.
2. Die Zucchini waschen, der Länge nach durchschneiden, das Fruchtfleisch mit einem Esslöffel auskratzen und klein hacken. Die Schalotten und den Knoblauch abziehen, fein würfeln. Die Tomaten waschen, halbieren und mit einem Esslöffel die Kerne herausnehmen. Das Fleisch fein würfeln und alles zum Bulgur geben.
3. Die Masse anschließend zu einem gleichmäßigen Teig verarbeiten und mit Pfeffer abschmecken.
4. Drei Viertel der Masse in die Zucchinihälften füllen. Den Rest in eine feuerfeste, leicht geölte Form geben.
5. Die gefüllten Zucchini darauf setzen, mit Käse bestreuen und bei 200 °C (Umluft 180 °C, Gas Stufe 3) 20 bis 30 Minuten backen.

Gemüsesoufflé mit Tomatensauce

Zutaten für 4 Personen

- insgesamt 450 g Zucchini und gelbe Paprikaschoten
- 1 TL Butter
- 1/2 Bund glatte Petersilie
- 1/2 Bund Schnittlauch
- 3 Eier
- 30 g Weizenvollkornmehl
- 1/4 l Magermilch
- 40 g geriebener Parmesankäse
- Salz
- frisch gemahlener Pfeffer aus der Mühle

Für die Sauce

- 500 g Eiertomaten
- 1 Zwiebel
- 1 Knoblauchzehe
- 1 Bund gemischte Kräuter (Oregano, Thymian, Basilikum, Majoran)

Extratipp:
Zum Gemüsesoufflé passen alle Blattsalate.

Gemüsesoufflé
mit Tomatensauce

1. Den Boden einer Auflaufform mit wenig Butter auspinseln.
2. Das Gemüse waschen, putzen und raspeln. Die Kräuter waschen, trockenschwenken und fein schneiden bzw. hacken. Die Eier trennen, das Eiweiß sehr steif schlagen, die Eigelbe beiseite stellen.
3. Das Mehl in einen Topf geben und bei mittlerer Hitze unter ständigem Rühren anrösten, bis es duftet. Die kalte Milch unter Rühren zugießen und kochen lassen, bis eine dickflüssige Masse entsteht, beiseite stellen und etwas abkühlen lassen.
4. Den Backofen auf 200 °C vorheizen (Umluftherd 180 °C, Gas Stufe 3). Nacheinander Käse, Eigelbe, Gemüse und Kräuter unterrühren, mit Salz und Pfeffer abschmecken. Den Eischnee unterziehen, in die vorbereitete Form füllen und das Soufflé etwa 1/2 Stunde backen.
5. Inzwischen für die Sauce die Tomaten waschen, die Stielansätze entfernen und das Fruchtfleisch in feine Würfel schneiden, die Hälfte der Würfel pürieren. Zwiebel und Knoblauch abziehen und fein schneiden. Die Kräuter waschen, trockenschwenken, fein hacken. Alles mit den Tomaten mischen und mit Pfeffer abschmecken.

Heilbutt auf Rettichgemüse

Zutaten für 4 Personen

- 800 g Heilbutt
- Zitronensaft
- 1 kg Rettich
- 4 EL trockener Weißwein
- 2 EL Wasser
- Salz
- frisch gemahlener Pfeffer aus der Mühle
- 1 Bund Petersilie
- 50 ml Magermilch
- 1 Msp. Meerrettich

1. Den Fisch säubern, mit Zitronensaft beträufeln und beiseite stellen.
2. Den Rettich waschen, von den Blätter befreien und schälen. In kleinfingerdicke Stifte schneiden.
3. Den Wein und das Wasser in einem Topf zum Kochen bringen, den Rettich zugeben und 5 Minuten bei geschlossenem Topf garen.

4. Den Fisch salzen und pfeffern und nach der Betriebsanleitung Ihres Backofens grillen. Die Petersilie waschen, abzupfen und fein hacken.
5. Ein Drittel des Gemüses aus dem Topf nehmen, im Mixer mit einem Schuss Milch und etwas Meerrettich pürieren und unter die Rettichstücke rühren. Die Petersilie unterrühren und alles sofort servieren.

Extratipp: Zum Heilbutt reichen Sie am besten Kartoffeln.

Lasagne

Zutaten für 4 Personen

- 1 Zwiebel
- 2 Knoblauchzehen
- 1 Karotte
- 400 g Putenhackfleisch oder Tatar
- 1 Glas trockener Weißwein
- 1 kleine Dose Tomatenmark
- 1/2 l passierte Tomaten
- Oregano
- Basilikum
- frisch gemahlener Pfeffer aus der Mühle
- 1 EL Reismehl
- 300 ml Magermilch
- Muskat
- Salz
- 1 Beutel Mozzarella
- 50 g ger. Parmesan
- 400 g grüne oder weiße Lasagneplatten

1. Die Zwiebel und den Knoblauch abziehen, fein würfeln. Die Karotte schälen und fein würfeln.
2. Eine beschichtete Pfanne erhitzen, die Zwiebel darin andünsten, das Hackfleisch zugeben, die Temperatur hoch schalten und das Fleisch anbraten. Wenn der Fleischsaft verkocht ist, mit Wein ablöschen, den Knoblauch und die Karottenwürfel zusammen mit dem Tomatenmark zugeben und einkochen. Sobald der Wein verkocht ist, die passierten Tomaten zugeben, mit Oregano, Basilikum und Pfeffer abschmecken. Zugedeckt bei kleiner Hitze kochen lassen.
3. In der Zwischenzeit das Reismehl in einem kleinen Topf unter Zugießen von etwas Milch zu einer Paste verrühren.
4. Zuletzt die restliche Milch zuschütten und aufkochen lassen. Mit Muskat und wenig Salz abschmecken und 5 Minuten leise kochen lassen.

5. Inzwischen den Mozzarella aus dem Beutel nehmen, das Wasser abgießen und den Käse in Stücke reißen. Beide Saucen, noch warm, abwechselnd mit den Nudelplatten in eine feuerfeste Form schichten. Den Mozzarella jeweils zur weißen, den Parmesan zur roten Sauce geben. Mit einer rote Schicht abschließen.
6. Den Parmesan darüber streuen und zugedeckt im Backofen bei 200 °C (Umluft 180 °C, Gas Stufe 3) 1/2 Stunde garen. Den Deckel abnehmen und weitere 20 bis 30 Minuten backen.

Tofupfanne

Tofupfanne

Zutaten für 4 Personen

- 300 g fester Tofu
- 1 Stange Lauch
- 200 g Brokkoli
- 2 Karotten
- 3 Stangen Staudensellerie
- 70 g Kichererbsensprossen
- 1 Bund Koriandergrün
- 100 g TK-Erbsen
- 70 g Kürbiskernsprossen
- 1 TL Erdnussöl
- Cayennepfeffer
- Kurkuma
- frisch gemahlener Pfeffer aus der Mühle

1. Den Tofu abgießen, in kleine Würfel schneiden.
2. Lauch, Brokkoli, Karotten, Sellerie, Sprossen und Koriandergrün waschen und klein hacken bzw. schneiden.
3. Das Öl in einer beschichteten Pfanne erhitzten, das Gemüse mit den Erbsen und den Kichererbsensprossen zugeben und bissfest dünsten. Das gehackte Koriandergrün unterziehen. Mit Pfeffer und Kurkuma abschmecken.
4. Den Tofu und die Kürbiskernsprossen unterrühren und sofort servieren.

Bunte Kalbfleischpfanne

Zutaten für 4 Personen

- 25 g getr. Mu-Err-Pilze
- 3 Karotten
- 300 g Mangold
- 1 Bund Lauchzwiebeln

- 400 g Kalbsfilet
- 1 EL Walnussöl
- gut 1/8 l Gemüsebrühe
- 200 g Bohnenkeimlinge
- Tabasco
- frisch gemahlener Pfeffer aus der Mühle
- Salz
- Sojasauce
- reichlich glatte Petersilie

Extratipp: Dazu schmeckt Vollkornreis besonders gut.

1. Die Trockenpilze in lauwarmem Wasser 3 Stunden quellen lassen, anschließend abgießen.
2. Die Karotten schälen und in feine Streifen schneiden. Den Mangold waschen, verlesen und in feine Streifen schneiden. Die Lauchzwiebeln abziehen und in Ringe schneiden. Das Fleisch in fingerdicke Streifen schneiden.
3. Eine beschichtete Pfanne mit Öl auspinseln und erhitzen, das Fleisch darin anbraten, das Fett abgießen und das Fleisch herausnehmen.
4. Die Karotten in die Pfanne geben und bei geschlossenem Deckel 5 Minuten dünsten.
5. Währenddessen die Pilze in Streifen schneiden und mit den Zwiebeln und dem Mangold dazugeben. Kurz dünsten und anschließend mit der Brühe aufgießen. Zuletzt die Bohnenkeimlinge mit dem Fleisch unterrühren und erhitzen.
6. Die Kalbfleischpfanne mit Tabasco, Pfeffer, Salz und Sojasauce abschmecken. Die Petersilie waschen, trockenschwenken und unterrühren.

Kalbfleischpfanne

Pochierte Eier auf Feldsalat

Zutaten für 4 Personen

- 450 g Feldsalat
- 4 Tomaten
- 1 l Wasser
- 100 ml Kräuteressig
- 4 Eier
- 2 Zwiebeln
- 1 Bund Dill
- 1 EL Zitronensaft
- 1 EL Walnussöl
- 4 EL Magerjoghurt
- 2 EL mittelscharfer Senf
- 1 EL Akazienhonig
- 1 Bund Radieschen
- frisch gemahlener Pfeffer aus der Mühle

1. Den Salat verlesen, waschen, trockenschwenken und auf vier flachen großen Tellern verteilen.
2. Die Tomaten waschen, die Stielansätze entfernen, die Tomaten in kleine Würfel schneiden und auf dem Feldsalat verteilen.
3. Das Wasser zum Kochen bringen, den Essig dazugeben. Jedes Ei einzeln in eine Untertasse schlagen und ins Essigwasser gleiten lassen. 5 Minuten ziehen lassen.
4. Währenddessen für das Dressing die Zwiebeln abziehen, würfeln, den Dill waschen, abzupfen und fein wiegen.
5. Die Zwiebeln, den Dill, den Zitronensaft, das Öl, den Joghurt, den Senf und den Akazienhonig in ein hohes Gefäß geben und mit dem Schneebesen kräftig durchschlagen. Mit Pfeffer abschmecken.
6. Das Dressing in die Mitte des Salates geben, jeweils ein Ei darauf setzen und zuletzt die Radieschen waschen und darüber raspeln.

Putenschnitzel auf Chicorée-Salat

Putenschnitzel auf Chicorée-Salat

Zutaten für 4 Personen

- 8 Chicorée
- 4 Kiwis
- 1 Ananas
- 250 g Erdbeeren
- 250 g Magerjoghurt
- 4 EL geh. grüne Pfefferkörner
- 1 TL Honig
- 2 TL gehackter Dill
- 1 Prise Salz
- 4 x 150 g Putenschnitzel
- frisch gemahlener Pfeffer
- 1 Tasse gemischte Sprossen

1. Vom Chicorée den Strunk mit einem Messer ausschneiden, die Blätter voneinander lösen, waschen und gut abtropfen lassen.
2. Die Kiwis mit einem Kartoffelschäler abschälen und in Scheiben schneiden. Die Ananas schälen, halbieren, vom Strunk befreien, achteln und fein aufschneiden. Die Erdbeeren vorsichtig waschen, die Stielabsätze entfernen und die Beeren vierteln.
3. Aus Joghurt, Pfefferkörnern, Honig und Dill ein Dressing rühren und mit Salz abschmecken.
4. Die Schnitzel waschen, trockentupfen, pfeffern und in einer beschichteten Pfanne von jeder Seite 3 Minuten anbraten.
5. Die Chicoréeblätter auf vier Tellern jeweils sternförmig auslegen. Das Obst darauf anrichten und mit Dressing übergießen. Die Sprossen kalt abbrausen und darüber streuen. Das Fleisch noch warm in fingerdicke Streifen schneiden und auf dem Salat anrichten.

Extratipp: Dazu schmeckt am besten frisches Vollkornbrot.

Garnelenspieße mit Kressesauce

Zutaten für 4 Personen

- 20 rohe geschälte Tiefseegarnelen
- 1 ungespritzte Limette
- 2 Knoblauchzehen
- 1 TL Paprikapulver edelsüß
- 1 Msp. Kurkuma
- 2 TL neutrales Pflanzenöl
- 250 g Magerquark
- 125 g Magerjoghurt
- Mineralwasser
- 2 Kästchen Kresse
- frisch gemahlener Pfeffer
- Salz

1. Die Garnelen putzen und auf Spieße stecken.
2. Die Limette abreiben, durchschneiden und eine Hälfte auspressen. Den Knoblauch abziehen und zerdrücken.
3. Aus der Limettenschale, zwei Esslöffeln Limettensaft, Knoblauch, Paprika, Kurkuma und Öl eine sämige Marinade rühren und die Garnelen damit bepinseln. 45 Minuten zugedeckt im Kühlschrank durchziehen lassen.
4. In der Zwischenzeit Quark und Joghurt verrühren, bei Bedarf das Mineralwasser zugeben. Die Kresse abschneiden, fein hacken, unterrühren und das Ganze mit Pfeffer und Salz abschmecken. Die Garnelen in einer beschichteten Pfanne von beiden Seiten braten.

Zu den Garnelenspießen passt gut ein Gemüserisotto.

Süßspeisen

Süße Schlemmereien, die sich nicht in unschönen Pölsterchen am Bauch niederschlagen? Aber ja – Sie werden staunen, wie viele kalte und warme Süßspeisen Ihre schlanke Linie unterstützen.

Himbeertraum

Zutaten für 4 Personen

- 450 g Himbeeren
- 4 Blatt Gelatine
- 1/2 l kaltes Wasser
- 2 EL Akazienhonig
- 2 Eiweiße

1. Die Beeren vorsichtig waschen, die Stielansätze abzupfen und die Früchte verlesen. Einige Früchte zum Garnieren beiseite legen. Die Beeren kurz pürieren oder mit einer Gabel zerdrücken.
2. Die Gelatine in einem kleinen Topf mit kaltem Wasser 10 Minuten quellen lassen. Währenddessen den Honig unter das Fruchtmark rühren und die Eiweiße zu sehr steifem Schnee schlagen.
3. Die Gelatine aus dem Topf nehmen, das Wasser wegschütten, die Gelatine wieder in den Topf geben und bei kleiner Hitze unter Rühren auflösen - auf keinen Fall kochen!
4. Gelatine vom Herd nehmen und reichlich Fruchtmark unter Rühren zugießen. Anschließend die fruchtige Gelatinemasse zum Fruchtmark rühren. Den Eischnee unterziehen, in vier Schälchen füllen und mindestens eine Stunde steifen lassen. Den Himbeertraum kurz vor dem Servieren mit den restlichen Früchten garnieren.

Apfel-Joghurt-Eis

Zutaten für 4 Personen

- 3-4 Äpfel
- 1/4 l naturtrüber, ungesüßter Apfelsaft
- 1 Msp. Zimt
- 250 g Magerjoghurt

1. Die Äpfel waschen, schälen und in schmale Spalten schneiden.
2. In der Zwischenzeit den Apfelsaft mit dem Zimt zum Kochen bringen, dann die Apfelstücke zugeben und gar dünsten.
3. Die Apfelmischung beiseite stellen, abkühlen und danach im Kühlschrank völlig erkalten lassen.
4. Im Mixer mit dem Joghurt fein pürieren und im Tiefkühlschrank mindestens vier Stunden frosten lassen.

Extratipp:
Statt Zimt können Sie als Geschmackszutat auch gehackte Zitronenmelisse verwenden.

Buttermilch-Waffeln

Zutaten (für 5–6 Stück)

- 1 Ei
- 150 ml Buttermilch
- Salz
- 1 EL flüssiger Honig
- 3 EL Haferflocken
- 3 EL Dinkelmehl
- 1 Msp. Backpulver

1. Das Ei trennen. Das Eiweiß zu Schnee schlagen und kalt stellen. Die Buttermilch und das Eigelb mit dem Salz schaumig schlagen. Den Honig und die Haferflocken kurz unterrühren.
2. Das Mehl mit dem Backpulver unterheben und einige Minuten stehen lassen. Zuletzt den Eischnee vorsichtig unterziehen.
3. Den Teig im Waffeleisen backen.

Servieren Sie die Buttermilch-Waffeln mit Kompott, Marmelade oder Quark.

Service Ernährung

Die folgenden Internetadressen bieten Ihnen vielfältige Informationen rund um das Thema gesunde Ernährung:

- www.uni-giessen.de/nutriinfo
  Diese Seite gibt Antworten auf fast alle Fragen zum Thema Ernährung.

- www.focus.de/essen
  Hier können Sie die Kalorien Ihres Speiseplans berechnen.

- www.dge.de
  Die Homepage der Deutschen Gesellschaft für Ernährung e.V. bietet viele Informationen und eine umfangreiche Datenbank zum Thema Ernährung.

- www.aok.de
  Auf der Homepage der Krankenkasse finden Sie viele interessante Gesundheitstipps und sogar eine Ernährungsberatung.

Service Trainingspläne

Auf der folgenden Seite finden Sie zwei Mustertrainingspläne, an denen Ihnen beispielhaft gezeigt werden soll, wie Ihre Trainingswoche aussehen könnte. Es wird zwischen einem Trainingsprogramm mit Schwerpunkt Fettabbau und einem Programm mit Schwerpunkt Körperformung unterschieden. Damit Sie sich Ihr Training ganz individuell zusammenstellen können, ist auf der Seite 74/75 ein Wochenplaner als Kopiervorlage abgedruckt. In diesen Plan können Sie schon Wochen im Voraus Ihre Trainingseinheiten eintragen und Ihr Training ganz individuell planen. Sie haben Ihr Pensum immer übersichtlich vor Augen und wissen damit stets, welche Übungen gerade dran sind. Mit dem Trainingsplaner gibt es auch keine Entschuldigung für ein vergessenes Training.

Service Mustertrainingspläne

Mustertrainingsplan mit Schwerpunkt Fettabbau

Montag	Intensives Ausdauertraining 30 Minuten
Dienstag	Krafttraining 10 – 30 Minuten
Mittwoch	Fettstoffwechseltraining 60 Minuten
Donnerstag	Trainingsunterbrechung
Freitag	Intensives Ausdauertraining 20 Minuten
Samstag	Krafttraining 10 – 30 Minuten
Sonntag	Fettstoffwechseltraining 60 – 80 Minuten

Mustertrainingsplan mit Schwerpunkt Körperformung

Montag	Krafttraining 10 – 30 Minuten
Dienstag	Intensives Ausdauertraining 30 Minuten
Mittwoch	Krafttraining 10 – 30 Minuten
Donnerstag	Trainingsunterbrechung
Freitag	Krafttraining 10 – 30 Minuten
Samstag	Fettstoffwechseltraining 60 – 80 Minuten
Sonntag	Krafttraining 10 – 30 Minuten

Service Ihr persönlicher Trainingsplaner

	Montag	Dienstag	Mittwoc
1. Woche			
2. Woche			
3. Woche			
4. Woche			
5. Woche			
6. Woche			
7. Woche			
8. Woche			
9. Woche			
10. Woche			
11. Woche			
12. Woche			
13. Woche			
14. Woche			
15. Woche			
16. Woche			

onnerstag	Freitag	Samstag	Sonntag

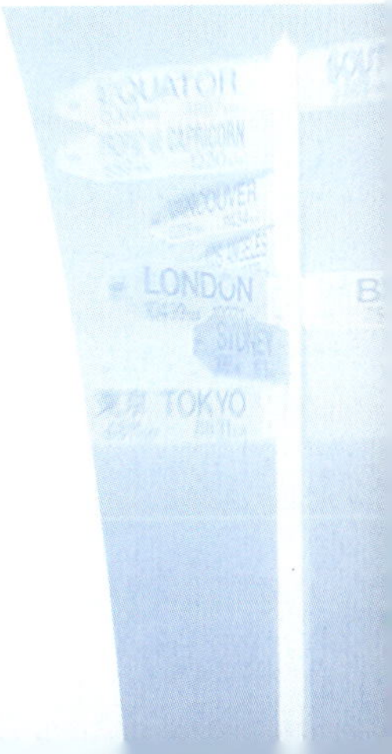

Service Checkliste

Die richtige Sportart

Laufen ist nach wie vor die beliebteste Ausdauersportart. Aber auch beim Schwimmen, Radfahren oder Inlineskaten können Sie Stress abbauen und etwas für Ihre Ausdauer tun.

Die nachstehende Tabelle soll Ihnen die Entscheidung für die eine oder andere Sportart etwas erleichtern. Die Bewertung erfolgte unter besonderer Berücksichtigung von Einsteigern und weniger Geübten.

	Jogging	Radfahren	Schwimmen	Walking	Inlineskating	Langlauf	Aerobic	Triathlon
Effektivität	2	3	2	2	3	1	2	2
Fettstoffwechsel	3	1	3	1	1	1	4	1
Belastungsdosis	2	1	2	2	1	1	3	1
Gelenkbelastung	4	2	1	1	1	1	3	2
Spaßfaktor	3	2	3	3	1	2	1	3
1. Zwischennote	2,8	1,8	2,2	1,8	1,4	1,2	2,6	1,8
Bedingungen	1	2	4	1	2	5	5	2
Kosten	2	2	1	1	3	4	4	5
Sicherheit	1	2	2	1	4	2	2	2
2. Zwischennote	1,3	2,0	2,3	1,0	3,0	3,7	3,7	3,0
Gesamtnote	2,1	1,9	2,3	1,4	2,2	2,4	3,2	2,4

1 = sehr gut, 2 = gut, 3 = befriedigend, 4 = ausreichend, 5 = mangelhaft

Erklärungen

▪ Effektivität

Je mehr Muskelmasse bei einer Ausdauersportart eingesetzt wird, desto intensiver wird das Herz-Kreislauf-System belastet und desto geringer ist der Trainings-Zeitaufwand bei gleichem Energieverbrauch.

▪ Fettstoffwechsel

Um während des Trainings die optimale Fettverbrennung zu erreichen, ist eine lange Belastungsdauer bei gleichzeitig geringer Anstrengung nötig. Das ist bei einigen Sportarten einfacher zu realisieren als bei anderen.

▪ Belastungsdosis

Eine Sportart sollte sich sowohl zum Fettstoffwechsel- als auch zum Ausdauertraining eignen. Dazu muss die Belastung auch auf lange Dauer gleichbleibend gering sein und sich auch von einem Anfänger kontrolliert »dosieren« lassen.

▪ Gelenkbelastung

Dieser Punkt bewertet das Risiko für Knie- und Hüftgelenk. Bestehen bereits Gelenkprobleme, fragen Sie im Zweifelsfall Ihren Arzt um Rat.

▪ Spaßfaktor

Die Beurteilung dieses Punktes ist subjektiv. Die einen lieben das Training in der Gruppe oder zu Musik, andere suchen Ruhe und Einsamkeit, um dem Alltag zu entfliehen. Wieder andere trainieren gerne mit dem Partner oder Freunden. Der Spaßfaktor hängt also stark von persönlichen Vorlieben ab.

▪ Bedingungen

Dieser Punkt bewertet die Abhängigkeit von äußeren Bedingungen wie z. B. Wetter und notwendige Kursangebote.

▪ Kosten

Auch eine wichtige Frage: Wie hoch ist der finanzielle Aufwand? Bedenken Sie aber auch, dass viele Kosten nur einmal anfallen (z. B. für Bekleidung).

▪ Sicherheit

Je nach Ausdauersportart kann das Verletzungsrisiko nicht nur für Anfänger erhöht sein.

Service Literatur

Basisliteratur

Wer intensiver in die Thematik einsteigen will, findet in folgenden Büchern und Artikeln wertvolles Basiswissen.

Buskies W./Boeckh-Behrens W.-U.: Gesundheitsorientiertes Fitnesstraining, Band 2. Wehdemeier & Pusch Verlag, Lüneburg 1995

De Marées, H.: Sportphysiologie. Tropon Werke, Bochum 1989

Hamm, M.: Das große Buch der Diäten. FIT FOR FUN Verlag, Hamburg 1995

Lockwood, C. M.: U.L.T.R.A. 12-Monatssystem. In: Muscle & Fitness 07/99. Wieder Publishing Ltd., Harrogate

Radlinger, L. u. a.: Rehabilitative Trainingslehre. Georg Thieme Verlag, Stuttgart – New York 1998

Redener, C.: 12 Geheimnisse schlanker Männer. In: Men's Health 5/99. Rodale-Motor Presse, Stuttgart

Weiterführende Literatur

Wenn Sie weitere Tipps zum Thema Ausdauer und Training suchen, empfehlen wir folgendes Buch: »10-Minuten-Workout für einen Superbody« (Rita Irlesberger, Midena Verlag, 2000).

Zum Thema Rückentraining finden Sie noch mehr Informationen und genaue Trainingsanleitungen in dem Buch »Trainingsprogramm starker Rücken« (Baur/Thurner, Midena Verlag, 2001).

Übungen nicht nur für den Bauch, sondern für alle weiteren Problemzonen finden Sie im »Trainingsprogramm Bauch, Beine, Po – Das Übungsbuch mit dem Dyna-Band« (Baur/Thurner, Midena Verlag, 2000). Die Übungen werden mit einem elastischen Gymnastikband durchgeführt.

Speziell für den aktiven Mann bietet das Buch »Trainingsprogramm Bauch & Bizeps« (Baur/Thurner, Midena Verlag, 2001) ein intensives Bodyworkout. Dem Buch liegt ein Stretch-Band bei.

Register

Impressum

Die Autoren
Christof Baur und Bernd Thurner sind Diplomsportlehrer für Prävention und Rehabilitation und arbeiten am Therapie- und Trainingszentrum in Friedberg/Augsburg.

Wichtiger Hinweis
Die im Buch veröffentlichten Ratschläge wurden mit größter Sorgfalt von den Verfassern und vom Verlag erarbeitet und geprüft. Eine Garantie kann jedoch nicht übernommen werden. Ebenso ist eine Haftung der Verfasser bzw. des Verlages und seiner Beauftragten für Personen-, Sach- oder Vermögensschäden ausgeschlossen.

Bildnachweis
Umschlagfoto: gettyone Stone/Laurence Monneret
Fotos: gettyone Stone/ C. Craymer S. 2; A. Käflein S. 56, 57, 59, 60, 61, 64, 66, 67, 68, 69, 71; alle übrigen Silvia Lammertz, München
Haare/Make-up: Tinka Luptakova
Mode: C&A

Impressum
Die Deutsche Bibliothek – CIP-Einheitsaufnahme

Ein Titeldatensatz für diese Publikation ist bei der Deutschen Bibliothek erhältlich.

Projektleitung: Franz Leipold
Herstellung: Gabriele Schnitzlein
Bildredaktion: Sylvie Busche (Ltg.), Doris Huber
Umschlagkonzeption: Hovedkvarteret, Kopenhagen
Gesamtlayout: Hovedkvarteret, Kopenhagen, H3A GmbH und Hubert Mediendesign, München
Satz: H3A GmbH, München
Reproduktion: Fotolitho Longo, Bozen
Printed in Italy

ISBN 3-310-00762-6

Gedruckt auf elementar chlorfrei gebleichtem Papier